1000 Words
to Speak French

**

1000 Mots
Pour Parler L'anglais

Editorial Team of ILCP

ILCP Publishing House

© ILCP Publishing House

www.ilcpbook.com

Edition: March 2021

ISBN: 978-0-9967007-3-3

Any reproduction of any extract from this book by any means whatsoever and in particular by photocopying or microfilm or scanning is prohibited without the permission of the publisher. Any translation is prohibited without authorization in any form whatsoever.

Foreword

The learning of the French language is the subject of a wide variety of "by the book" methods, but often their effectiveness leaves much to be desired. One of the flaws this method has is its complexity which makes a number of readers, who are looking for a simple and easy method of learning French, discouraged and not wanting to continue.

This book was designed to introduce a simpler method. The humble goal is to familiarize its reader's mind with the basic vocabulary of the French language.

To do this, it simply presents a selection of 1000 of the most common words in English and their closest meanings to each word in French. In order to simplify the presentation, we have avoided mentioning the French articles (le, la, un une…) as well as the category of words (adjective, adverb, verb…). The purpose of this deliberate deletion is so that it does not interfere with the memorization of the French vocabulary. This gives the reader the ability of word association between the word in English and its meaning in French.

The book has two parts: first, the list of 1000 words in no particular order. Research has shown that an arrangement of words in alphabetical order makes it difficult to memorize them, due to the similarity of the letters that compose them. However, in the second part of the book the same words are presented again in alphabetical order to facilitate their search for those who want to find the meanings of a specific term, such as in a lexicon.

We want this book to provide you with a basic knowledge of French. You can then complete it with more specific vocabulary in your preferred field.

**

Avant-propos

L'apprentissage de l'anglais est l'objet de méthodes livresques les plus diverses, mais leur efficacité laisse parfois à désirer. L'un des défauts que l'on peut leur reproche est leur complexité. Cette dernière rend dubitatifs un certain nombre de lecteurs qui cherchent une méthode plus simple et facile pour démarrer en anglais, sans vouloir aller plus loin dans un premier temps.
Ce livre a été conçu pour répondre à ce besoin. Son humble objectif se limite à familiariser l'esprit de son lecteur au vocabulaire de base de l'anglais. Et c'est tout.
Pour ce faire, il se contente de présenter une sélection de 1000 mots les plus courants en anglais ainsi que les significations les plus proches de chaque mot en français. Dans le souci de simplifier la présentation, nous avons évité de présenter les articles (le, la, un une…) ainsi que la catégorie des mots (adjectif, adverbe, verbe…). Le but de cette suppression délibérée est de ne pas perturber la mémorisation du vocabulaire. Le lecteur a ainsi la possibilité de créer sans gêne une association entre chaque terme en anglais et ses significations en français.
Le livre est composé de deux parties : d'abord la liste des 1000 mots dans le désordre. Car l'expérience prouve qu'une présentation des mots dans l'ordre alphabétique rend difficile leur mémorisation, en raison du trop de similitude des lettres qui les composent. Néanmoins, dans la deuxième partie du livre les mêmes mots sont présentés dans l'ordre alphabétique afin de faciliter leur recherche pour ceux

qui veulent trouver les significations d'un terme précis, tel un lexique…
Nous souhaitons que cet ouvrage vous apporte une connaissance de base en anglais, ensuite, vous pourrez la compléter avec un vocabulaire spécialisé dans votre domaine préféré.

* *

1000 English Words without alphabetical order

1000 Mots Anglais sans l'ordre alphabetic

N°s	Word	Translation in French
1	**The**	Le, La, Les
2	**Of**	De, En, Parmi, (D')entre
3	**To**	À, Vers, En, Chez, Envers, Pour, Jusqu'à
4	**And**	Et
5	**A**	Un(e)
6	**In**	Dans, En, De, Par, Sous, Chez, Pendant, Comme, Dedans, Au-dedans
7	**Is**	☞ Be (n°21)
8	**It**	Il, Lui, Elle, Ce, Cela, Le, La, Quelque chose
9	**You**	Tu, Toi, Te, On, Vous
10	**That**	Que, Celui-là, Celle-là, Celui, Ceux-là, Celles-là, Celle, Qui, Que, Lequel, Laquelle, Lesquels, Lesquelles, Ce, Cet, Cette, …là, Si
11	**He**	Il, Lui, Celui, Mâle
12	**Was**	☞ Be (n°21)
13	**For**	Pour, De, Par, Pendant, Depuis, Il y a, Jusqu'(à), Malgré, Vers, Car
14	**On**	Sur, À, En, Après, De, Dans, Avant
15	**Are**	☞ Be (n°21)
16	**With**	Avec, De, A, Par, Malgré

17	**As**	Aussi, Si, Comme, Puisque, Au moment où, (Au)tant que,
18	**I**	Je, Moi
19	**His**	Son, Sa, Ses, Le sien, La sienne, Les siens, Les siennes, À lui
20	**They**	Ils, Eux, Elles, On
21	**Be**	Être, Se trouver, Exister
22	**At**	À, En, Auprès de, Sur, Chez
23	**One**	Un, Unique, Seul, Celui,
24	**Have**	Avoir, Prendre, Faire
25	**This**	Celui-ci, Celle-ci, Celui, Celle, Ce, Cet, Cette
26	**From**	De, Depuis, À partir de, Suite de, De la part de
27	**Or**	Ou, Ou…ou, Soit…soit,
28	**Had**	☞ Have (N°24)
29	**By**	Prés de, A côté de, Au bord de, Par, Avant, Pour, Près, De côté
30	**Hot**	Chaud, Brûlant, Violent, Piquant, Fort
31	**Word**	Mot, Parole, Formuler
32	**But**	Mais, Or, Toutefois, Sans, Que
33	**What**	Que, Quoi, Qu'est-ce que, Ce que, Ce qui

34	Some	Certains, Quelques-un(e)s, Un peu, Quelque, Quelconque, Un certain de, De la, Des, Quelque(s), Environ
35	We	Nous
36	Can	Bidon, Boîte, Pouvoir
37	Out	Dehors, Au clair, Excuse, Exceptionnel, Flanquer dehors
38	Other	Autre
39	Were	☞ Be (N°21)
40	All	Tout, Entier, Entièrement
41	There	Là, Y, Là-bas
42	When	Quand, Lorsque, Alors que
43	Up	Haut, En montant, En haut, En dessus, En l'air
44	Use	Emploi, Usage, Utilité, Service, Se servir de, Employer, Utiliser
45	Your	Ton, Ta, Tes, Votre, Vos
46	How	Comment, Combien
47	Said	☞ Say (N°134)
48	An	Un(e)
49	Each	Chaque, Chacun(e)
50	She	Elle, Femelle
51	Which	Lequel, Laquelle, Lesquels, Lesquelles, Qui, Que, Quel,

		Quels, Quelle, Quelles, Lequel, Laquelle, Lesquels, Lesquelles
52	**Do**	Faire, Cuire, Finir, Jouer
53	**Their**	Leur, Leurs
54	**Time**	Temps, Fois, Heure
55	**If**	Si
56	**Will**	Volonté, Testament, (Verbe modal pour construire le temps futur)
57	**Way**	Chemin, Voie, Direction, Sens, Façon, Manière, Genre, Moyen, Progrès, Habitude, Coutume, État, Loin, Là-bas, Du côté de, Près de
58	**About**	Autour de, Environ, Presque, Au sujet de, Tout autour, Alentour
59	**Many**	Beaucoup de, Bien des, Un grand nombre
60	**Then**	Alors, Dans ce temps-là, Ensuite, Puis, Aussi, Donc, D'ailleurs, Dans ce cas, De ce temps-là
61	**Them**	Les, Leur, Eux, Elles
62	**Write**	Écrire, Rédiger
63	**Would**	(Verbe modal pour construire le temps futur)

64	**Like**	Pareil, Semblable, Tel, Semblable, Pareil(le), Pour, Aimer, Vouloir, Avoir de la sympathie
65	**So**	Ainsi, Par conséquent, Si, Tellement, Donc
66	**These**	☞ This (N°25)
67	**Her**	Lui, A elle, Se, Soi, Celle, Son, Sa, Ses
68	**Long**	Long, Depuis, Longtemps
69	**Make**	Fabrication, Façon, Taille, Marque, Faire, Construire, Fabriquer, Confectionner, Fixer, Établir, Conclure
70	**Thing**	Chose, Objet
71	**See**	Voir, Comprendre, Visiter, Accompagner, Consulter
72	**Him**	Le, Lui, Se, Soi, Celui
73	**Two**	Deux
74	**Has**	☞ Have (N°24)
75	**Look**	Regard, Air, Aspect, Regarder
76	**More**	Plus de, Davantage de, Plus, Davantage
77	**Day**	Jour, Journée
78	**Could**	☞ Can (N°36)
79	**Go**	Coup, Essai, Energie, Entrain, Dernier cri, Aller, Marcher, Sonner, Partir,

1000 Words to Speack French

		S'en aller, Devenir, S'étendre
80	**Come**	Venir, Arriver
81	**Did**	☞ Do (N°52)
82	**Number**	Nombre, Chiffre, Numéro, Numéroter, Compter
83	**Sound**	Sonde, En bon état, Sain, Bon, Solide, Sensé, Son, Bruit, Sonore, Du son, Sonner, Retenir
84	**No**	Aucun, Pas de, Peu, Non, Pas
85	**Most**	Le plus de, La plupart de, Le plus, Très, Fort, Bien, Le plus, La plupart
86	**People**	Gens, Peuple, Monde, Nation
87	**My**	Mon, Ma, Mes
88	**Over**	Par-dessus, En plus, Fini, Trop, Sur-, Trop, Excès de, Sur, Au-dessous de, Au-delà de
89	**Know**	Savoir, Connaître, Reconnaître
90	**Water**	Eau, Arroser, Abreuver
91	**Than**	After, Que, De
92	**Call**	Appel, Cri, Visite, Demande, Vocation, Nomination, Appeler, Crier, Convoquer, Héler, Faire venir, Attirer,

		Décréter, Nommer, Téléphoner, Faire une visite, Passer
93	First	Premier, D'abord, Pour la première fois
94	Who	Qui, Quelle personne, Lequel, Laquelle, Lesquels, Lesquelles
95	May	Mai (mois),
96	Down	Vers le bas, En bas, D'en haut, Par terre, Vers le bas de, En bas de, Au fond de, Le long de, En descendant, Déprimé, En pleine déprime, Abattre, Terrasser
97	Side	Côté, Bord, Parti, Latéral, De côté, Secondaire, Prendre parti, Se ranger du côté
98	Been	☞ Be (n°21)
99	Now	Maintenant, Alors
100	Find	Trouvaille, Découverte, Trouver, Retrouver, Découvrir, Déclarer, Fournir
101	Any	Un, Tout, N'importe quel, N'importe lequel
102	New	Nouveau, Neuf, Frais

103	**Work**	Travail, Ouvrage, Œuvre, Travailler, Fonctionner, Aller, Faire son effet, Réussir
104	**Part**	Partie, Part, Pièce, En partie, Mi-, Moitié, Séparer, Se diviser, Se quitter, Se séparer
105	**Take**	Prendre, (Em)porter, (Ap)porter, Emmener, Demander, Exiger, Contenir, Supporter, Passer, Tourner, Profiter de, Saisir, Comprendre, Tenir, Prendre, Réussir, Avoir du succès
106	**Get**	Obtenir, Gagner, Prendre, Se faire, Recevoir, Aller chercher, Attraper, Faire, Devenir, Se faire, Aller, Se rendre, En arriver à
107	**Place**	Lieu, Endroit, Place, Rang, Emploi, Placer, (Re)mettre
108	**Made**	☞ Make (N°69)
109	**Live**	Vivant, Ardent, Sous tension, En direct, Vivre, Se nourrir, Habiter, Mener
110	**Where**	Où, Là où

111	**After**	Après, Plus tard, Ensuite, À la suite de, Suivant, Selon, D'après, Après que, Subséquent, Futur
112	**Back**	Dos, Reins, Revers, Dossier, Fond, Derrière, Arrière, De derrière, Sur la cour, En arrière, De retour, Renforcer, Endosser, Miser sur, Appuyer, Soutenir, Servir de fond à, Mettre en arrière, Financer, Aller en arrière, Marcher à reculons
113	**Little**	Petit, Peu de, Mesquin
114	**Only**	Seul, Unique, Seulement, Ne …que, Rien que, Mais
115	**Round**	Rond, Circulaire, Autour, Alentour, Autour de, Vers, Environ, Cercle, Tour, Tournée, Salve, (S')arrondir, Contourner
116	**Man**	Homme, Mari, Pièce, Pion, D'homme(s), Fournir du personnel pour
117	**Year**	An, Année
118	**Came**	☞ Come (N°80)
119	**Show**	Spectacle, Show, Séance, Exposition, Salon, Concours, Parade, Étalage,

		Manifestation, Démonstration, Semblant, Apparence, Affaire, D'exposition, De démonstration, Montrer, Faire voir, Manifester, Indiquer, Faire preuve de, Laisser paraître, Représenter, Exposer, Se voir, Être visible
120	**Every**	Chaque, Tous, Chacun
121	**Good**	Bon, Sage, Bien
122	**Me**	Moi, Me
123	**Give**	Donner, Remettre, Causer, Pousser, Présenter, Porter, Vouer, Consacrer
124	**Our**	Notre, Nos
125	**Under**	(Au) dessous, Sous, Au-dessous, Trop peu, Insuffisamment, Inférieur, Sous-…
126	**Name**	Nom, Réputation, Nommer, Dénommer, Citer, Fixer
127	**Very**	Très, Fort, Bien
128	**Through**	À travers, Au travers de, Au moyen de, Par, À cause de, Pendant, Direct
129	**Just**	Juste, Précisément, Absolument, Tout à fait, Seulement

130	**Form**	Forme, Taille, Formule, Bulletin, Classe, Banc, Former, Faire, Contracter, Se former
131	**Sentence**	Jugement, Condamnation, Peine, Phrase, Condamner
132	**Great**	Grand, Important, Magnifique
133	**Think**	Penser, Réfléchir, Croire, S'imaginer, Juger, Trouver, Tenir pour
134	**Say**	Mot, Parole, Dire
135	**Help**	Aide, Secours, Remède, Aide, Aider, Secourir, Faciliter, Servir
136	**Low**	Bas, Faible, Grave
137	**Line**	Ligne, Voie, Corde, Fil, Rangée, File, Queue, Colonne, Limite, Articles, Genre, Renseignement, Tuyau, Aligner, Ligner, Régler, Rayer, Border, Doubler
138	**Differ**	Différer, Être différent, Ne pas s'accorder, Ne pas être d'accord
139	**Turn**	Tournure, Révolution, Changement de direction, Virage, Tournant, Tourner, Faire tourner, Retourner, Rendre, Changer,

		Se diriger, Se (re)tourner, Se transformer, Devenir
140	**Cause**	Cause, Causer, Faire (faire quelques chose à quelqu'un)
141	**Much**	Beaucoup, Beaucoup de, Bien fort
142	**Mean**	Moyen, Milieu, Moyen terme, Moyenne, Avoir l'intention, Vouloir, Se proposer, Vouloir dire, Entendre (par), Destiner (pour)
143	**Before**	En avant, Devant, Auparavant, Avant, Avant que, Devant
144	**Move**	Mouvement, Déménagement, Coup, Démarche, Déplacer, Bouger, Remuer, Émouvoir, Proposer, Mouvoir, Se déplacer, Circuler, S'avancer, Déménager, Marcher
145	**Right**	Droit, Bon, Correct, Juste, Convenable, Approprié, Bien placé, Tout…, Correctement, A droit, Redresser, Corriger
146	**Boy**	Garçon, Pote
147	**Old**	Vieux, Âgé, Ancien,

		De jadis
148	**Too**	Trop, Aussi, Trop de
149	**(The)Same**	Le (la) même
150	**Tell**	Dire, Raconter, Savoir, Reconnaître, Distinguer
151	**Does**	☞ Do (N°52)
152	**Set**	Fixe, Résolu, Pris, Assigné, Prescrit, Jeu, Série, Ensemble, Garniture, Service, Groupe, Cercle, Poste, Mettre, Poser, Placer, Imposer, Régler, Dresser, Donner, Fixer, Planter, Lancer, Affiler, Monter, Mettre en plis, Remettre, Se ressouder, Prendre racine
153	**Three**	Trois
154	**Want**	Manque, Vouloir, Désirer, Avoir besoin de, Demander, Exiger, Réclamer, Manquer de
155	**Air**	Air, Mine, Apparence, Aérer, Ventiler, Faire connaître, Faire parade de, Diffuser, Téléviser
156	**Well**	Bien, En bonne santé, Bon, Bien, Eh bien ! Ça alors, Puits, Jaillir, Sourdre
157	**Also**	Aussi, Encore, Également

1000 Words to Speack French

158	**Play**	Jeu, Pièce de théâtre, Jouer, Jouer contre
159	**Small**	Petit, Peu important, Partie mince
160	**End**	Fin, Bout, Terminer, Finir, Se terminer
161	**Put**	Mettre, Poser, Placer, Exprimer, Dire
162	**Home**	Maison, Foyer, Chez-soi, Patrie, Domestique, Intérieur, À la maison
163	**Read**	Lecture, Lire, Étudier, Interpréter
164	**Hand**	Main, Aiguille, Ouvrier, Jeu, Paume, Écriture, Indicateur, Passer
165	**Port**	Port, Sabord, Bâbord, Porto (vin)
166	**Large**	Grand, Gros, Nombreux, Large
167	**Spell**	Charme, Sortilège, Période, Temps, Tour, Orthographier, Écrire, Épeler, Expliquer
168	**Add**	Ajouter, Joindre, Additionner
169	**Even**	Uni, Plat, Uniforme, Régulier, Égal, Pair, Même, Encore, Seulement
170	**Land**	Pays, Terre, Sol, Terrain, Propriété foncière,

		Débarquer, Atterrir, (Re)tomber, Amener à terre, Décrocher
171	**Here**	Ici, Là, Voici
172	**Must**	Devoir, Il faut, (La) chose obligatoire, (L') impératif,
173	**Big**	Grand, Gros
174	**High**	Haut, Élevé, Fort, Grand, Avancé, Plafond, Pointe, De haute pression, En haut,
175	**Such**	Tel, Pareil, Semblable
176	**Follow**	Suivre, Donner suite à
177	**Act**	Agir, Jouer, Acte, Action, Loi, Décret
178	**Why**	Pourquoi, Tiens ! Eh bien !
179	**Ask**	Demander, Inviter, Prier, Demander, Demander à voir
180	**Men**	Hommes, (Le) genre humain, (L')humanité
181	**Change**	Changement, Monnaie, Changer, Changer de, Transformer, Échanger
182	**Went**	☞ Go (N°79)
183	**Light**	Lumière, Jour, Lampe, Phare, Feu, Clair, Blond, Léger, Facile, Courant faible

184	**Kind**	Bon, Aimable, Espèce, Sorte, Genre, Nature
185	**Off**	Détaché, Au large de, De dehors, Extérieur, Droit, Latéral
186	**Need**	Besoin, Indigence, Avoir besoin de, demander, Être obligé de
187	**House**	Maison, Parlement, Salle, Loger, Héberger, Habiter
188	**Picture**	Image, Tableau, Peinture, Dépeindre, (Se) présenter, (Se) figurer
189	**Try**	Essai, Tentative, Essayer, Mettre à l'essai, Juger, Éprouver
190	**Us**	Nous
191	**Again**	Encore, Encore une fois, De nouveau, D'autre part
192	**Animal**	Animal, Brute
193	**Point**	Point, Pointe, Question, Sujet, Moment, Marquer des points, Indiquer, Signaler
194	**Mother**	Mère, Materner, Chouchouter, Dorloter
195	**World**	Monde, Du monde, Mondial
196	**Near**	Proche, Voisin, Court, Près, Près de, S'approcher de

197	**Build**	Construction, Carrure, Construire, Bâtir
198	**Self**	De soi, Auto-…, Automatique(ment)
199	**Earth**	Terre, Contact, Relier à la terre
200	**Father**	Père, Engendrer, Créer
201	**Head**	Tête, Capot (automobile), Chevet, Haut bout, Source, Chef, Directeur, Patron, Face, Premier, Principal, … en chef, Mener, Être en tête de, Être à la tête de, Conduire, Jouer de la tête (football)
202	**Stand**	Position, Place, Station(nement), Tribune, Estrade, Étalage, Stand, Étal, Support, Guéridon, Barre des témoins, Arrêt, Se tenir, Être, Se trouver, Se lever, Se mettre debout, Poser, Mettre, Supporter
203	**Own**	Propre, à moi (toi…), Posséder
204	**Page**	Page, Paginer
205	**Should**	(Verbe auxiliaire pour exprimer le sens de "devoir")

206	**Country**	Pays, Région, Patrie, Campagne, Campagnard, De campagne
207	**Found**	Fonder, Établir, Fondre
208	**Answer**	Solution, Réponse, Répondre, Remplir Faire réponse à
209	**School**	École, Académie, Instruire, Habituer, Discipliner
210	**Grow**	Pousser, Croître, Grandir, Augmenter
211	**Study**	Étude, Cabinet de travail, Bureau, Étudier
212	**Still**	Tranquille, Silencieux, Calme, Encore, Cependant, Pourtant, Encore, Silence, Calmer, Apaiser
213	**Learn**	Apprendre
214	**Plant**	Plante, Usine, Matériel, Installation, Planter, Installer, (Dé)poser
215	**Cover**	Couverture, Tapis, Couvercle, Abri, Enveloppe, Voile, Couvert, Couvrir, Revêtir, Recouvrir, Parcourir
216	**Food**	Nourriture, Aliment(s)
217	**Sun**	Soleil, Du soleil, Au soleil, De soleil, Par le soleil
218	**Four**	Quatre
219	**Between**	Entre, Au milieu

220	**State**	État, d'État, Déclarer, Affirmer, Formuler
221	**Keep**	Subsistance, Tenir, Garder, Maintenir, Contenir, Préserver, Retenir, Suivre, Célébrer, Cacher, Rester, Se conserver, Continuer
222	**Eye**	Oeil, Trou, Regarder, Examiner, Mesurer des yeux
223	**Never**	Jamais, Ne …jamais
224	**Last**	Dernier, Dernière fois, Le dernier, Durer
225	**Let**	Laisser, Faire, Louer
226	**Thought**	Pensée, Idée, Avis, Opinion
227	**City**	Ville, Urbain, Municipal
228	**Tree**	Arbre, Arborescence
229	**Cross**	Croix, Croisement, Croisé, Mise en travers, Oblique, Contraire, Maussade, Croiser, Traverser, Passer, Franchir, Barrer, Contrarier
230	**Farm**	Ferme, Cultiver, Cultiver la terre, Exploiter
231	**Hard**	Dur, Sévère, Fort, Rigoureux, Pénible, Cruel, Difficile, Incorrigible, Fort, Dur, Durement, De toutes ses forces

232	**Start**	Départ, Commencement, Avance, Sursaut, Partir, Se mettre en route, Commencer, Démarrer, Décoller, Faire partir, Mettre en marche, Donner le signal de départ à, Lancer, Commencer, Entamer
233	**Might**	Puissance, Force (Verbe modal pour exprimer la possibilité)
234	**Story**	Histoire, Étage
235	**Saw**	Adage, Dicton, Scie, Scier
236	**Far**	Loin, Lointain, Eloigné
237	**Sea**	Mer, Océan, Lame, De mer, maritime, Naval
238	**Draw**	Tirage, Loterie, Partie nulle, Attraction Tirer, Attirer, Tracer, Dessiner, Retirer, Toucher, Arracher, Aspirer, Infuser
239	**Left**	Gauche, À gauche
240	**Late**	En retard, Retardé, Tard, Tardif, Avancé, Ex-…, Récent
241	**Run**	Course, Tour, Traversée, Marche, Cours, Suite, Ruée, Petit ruisseau, Échelle, Séquence, Courir, Passer, Couler, Glisser,

		Aller, Rouler, Marcher, Faire le service, Fonctionner, S'écouler, Couler, Se démailler, Se jouer, Se donner
242	**Don't**	☞ Do (N°52)
243	**While**	Pendant que, Tant que, Alors que, Tandis que, Faire passer, Tuer (le temps)
244	**Press**	Presse, Pressoir, Imprimerie, Presser, Appuyer sur, Faire pression sur, De presse, Poursuivre, Repasser, Donner un coup de fer à, Forcer, Insister sur, Talonner, Serrer
245	**Close**	Proche, (Tout) près, Bien fermé, Clos, Avare, Étroit, Exclusif, Serré, Soutenu, Minutieux, Impénétrable, Intime, Fidèle, Conclusion, Fin, Fermer, Barrer, Terminer, Arrêter
246	**Night**	Nuit, Soir, Obscurité
247	**Real**	Vrai, Véritable, Réel, Vraiment, Très, Rudement, Vachement
248	**Life**	Vie,

		Emprisonnement perpétuel
249	**Few**	Peu de, Quelques
250	**North**	Nord
251	**Open**	Ouvert, Plein, Grand, Dégagé, Nu, Haut, Non résolu, Discutable, Manifeste, Déclaré, Franc, Doux, Découvert, Ouvrir, S'ouvrir, S'étendre, Manifester, Commencer
252	**Seem**	Sembler, Paraître
253	**Together**	Ensemble, En même temps
254	**Next**	Prochain, Voisin, Le plus proche, Suivant, Ensuite, Après
255	**White**	Blanc, Blême, Pâle
256	**Children**	Enfants
257	**Begin**	Commencer, Se mettre à
258	**Got**	☞ Get (N°106)
259	**Walk**	Marche, Promenade, Allée, Démarche, Pas, Marcher, Se promener, Aller à pied, Cheminer, Aller au pas, Faire marcher, Courir, Promener
260	**Example**	Exemple
261	**Ease**	Repos, Bien-être, Aise, Tranquillité, Aisance, Adoucir, Soulager, Calmer, (Re)lâcher, Diminuer

262	**Paper**	Papier, Journal, Papier peint, Épreuve écrite, Article exposé, De papier, En papier, En carton, Tapisser
263	**Group**	Groupe, (Se) grouper
264	**Always**	Toujours
265	**Music**	Musique
266	**Those**	(pluriel of that ☞ N°10)
267	**Both**	Tous (les) deux, L'un et l'autre
268	**Mark**	Marque, But, Cible, Signe, Note, Point, Ligne de départ, Marquer, Tâcher, Noter
269	**Often**	Souvent, Fréquemment
270	**Letter**	Lettre, Caractère
271	**Until**	Jusqu'à, Jusqu'à ce que, Jusqu'au moment où
272	**Mile**	Mille
273	**River**	Rivière, Fleuve
274	**Car**	Voiture, Auto
275	**Feet**	Pieds (☞ Foot N°466)
276	**Care**	Souci, Soin, Attention, Se soucier, S'inquiéter
277	**Second**	Second, Deuxième, En deuxième, En second, Article de deuxième choix, Seconder, Appuyer
278	**Book**	Livre, Registre,

		Carnet, Cahier, Inscrire, Prendre (un billet), Retenir, Réserver, Louer, Enregistrer
279	**Carry**	Portée, Trajet, Porter, Transporter, Enlever, Remporter, Comporter, Avoir pour conséquent, Faire adopter, Retenir
280	**Took**	☞ Take (N°105)
281	**Science**	Science
282	**Eat**	Manger, Consommer, Dévorer, Déjeuner
283	**Room**	Pièce, Salle, Chambre, Place, Espace
284	**Friend**	Ami(e), Connaissance
285	**Began**	☞ Begin (N°257)
286	**Idea**	Idée, Intention
287	**Fish**	Poisson, Type, Pêcher, Aller à la pêche
288	**Mountain**	Montagne, Des montagnes, Montagneux
289	**Stop**	Arrêt, Halte, Interruption, Arrêter, Interrompre, Suspendre, Mettre fin à, Boucher, Plomber
290	**Once**	Une fois, Une (seule) fois, Autrefois, Jadis, Dès que, Une fois (que)

291	**Base**	Bas, Vil, Ignoble, Faux, Base, Culot, Baser, Fonder
292	**Hear**	Entendre, Écouter
293	**Horse**	Cheval
294	**Cut**	Coupure, Coupe, Réduction, Restriction, Morceau, Tranche, Coupe, Gravure, Couper, Tailler, Trancher, Hacher, Réduire, Manquer exprès à
295	**Sure**	Sûr, Certain
296	**Watch**	Montre, Garde, Regarder, Observer, Faire attention à, Surveiller, Veiller
297	**Color**	Couleur, Colorer, Colorier, Peindre, Fausser, Présenter sous un faux jour
298	**Face**	Visage, Figure, Face, Air, Mine, Cadran, Endroit, Affronter, Braver, Donner sur, Envisager, Revêtir, Faire face à
299	**Wood**	Bois
300	**Main**	Principal, Premier, Essentiel, Grand
301	**Enough**	Assez, Suffisamment
302	**Plain**	Évident, Clair, Simple, Ordinaire, Pur, Carré, Franc, Clairement, Complètement, Plaine

303	**Girl**	Fille
304	**Usual**	Habituel
305	**Young**	Jeune, Petit
306	**Ready**	Prêt, Sous la main, Disponible, Facile, Prompt, Comptant
307	**Above**	Au-dessus de, Supérieur à, En haut, Là-haut, Au-dessous, Précédent
308	**Ever**	Jamais, Toujours
309	**Red**	Rouge, Roux
310	**List**	Liste, Mettre sur la liste, Faire une liste, Énumérer
311	**Though**	Quoique, Bien que, Pourtant, Cependant
312	**Feel**	Toucher (le), Sensation, Sentir, Tâter, Ressentir, Éprouver, Penser, Sembler
313	**Talk**	Conversation, Causerie, Discours, Bavardage, Parler, Causer, Bavarder
314	**Bird**	Oiseau, Gonzesse
315	**Soon**	Bientôt, Tôt, Vite, De bonne heure
316	**Body**	Corps, Cadavre, Masse, Carrosserie
317	**Dog**	Chien, Chienne
318	**Family**	Famille, De famille, Familial

319	**Direct**	Direct, Tout droit, Diriger, Adresser, Ordonner, Indiquer
320	**Pose**	Pose, Se poser, Se faire passer, Poser, Créer, Présenter
321	**Leave**	Permission, Laisser, Abandonner, Léguer, Quitter, Sortir de
322	**Song**	Chanson, Chant, Ramage
323	**Measure**	Mesure, Règle, Mètre Mesurer, Métrer
324	**Door**	Porte, Portière
325	**Product**	Produit
326	**Black**	Noir, Noircir, Cirer
327	**Short**	Court, Bref, Insuffisant, Brusque, Brusquement, Court-métrage, Court-circuit
328	**Numeral**	Numéral, Chiffre
329	**Class**	Classe, Année (à l'université), Classer, Ranger par classe
330	**Wind**	Vent, Haleine, Instruments à vent, Tournant, Tour, Flairer, Faire perdre le souffle à, Essouffler, Tourner, Enrouler

331	**Question**	Question, Doute, Interroger, Mettre en question
332	**Happen**	Arriver, Se passer, Se produire
333	**Complete**	Complet, Entier, Total, Compléter, Achever, Remplir
334	**Ship**	Bateau, Navire, Expédier, Transporter, Embarquer
335	**Area**	Aire, Superficie, Secteur, Région, Zone, Domaine
336	**Half**	Demi, À moitié, À demi, Moitié, Partager
337	**Rock**	Rocher, Roc, Roche, Pierre, Bercer, Basculer, Osciller, Balancer
338	**Order**	Ordre, Commande, Ordonnance, Mandat, Mettre en ordre, Régler, Ordonner, Prescrire
339	**Fire**	Feu, Incendie, Tir, Ardeur, Mettre le feu à, Tirer (mil)
340	**South**	Sud, Midi, Du sud, Au sud, Vers le sud
341	**Problem**	Problème, Tracas, Souci
342	**Piece**	Pièce, Coin, Morceau, Recommander
343	**Told**	☞ Tell (N°159)
344	**Knew**	☞ Know (N°89)

345	**Pass**	Défilé, Mention, Passer, Disparaître, S'écouler, Passer devant, Dépasser
346	**Since**	Depuis, Depuis que, Puisque
347	**Top**	Sommet, Cime, Haut, Dessus, Supérieur, Du haut, Maximum, Meilleur
348	**Whole**	Entier, Complet, Tout, Totalité, Ensemble
349	**King**	Roi
350	**Space**	Espace, Place, Spatial, Espacer
351	**Heard**	☞ Hear (N°292)
352	**Best**	Meilleur, Mieux
353	**Hour**	Heure
354	**Better**	Meilleur, Mieux, S'améliorer
355	**True**	Vrai, Véritable, Exact, Juste, Fidèle
356	**During**	Pendant
357	**Hundred**	Cent, Centaine
358	**Five**	Cinq
359	**Remember**	Se souvenir de, Se rappeler
360	**Step**	Marche, Mesure, Démarche, Faire un pas, Marcher
361	**Early**	Matinal, Premier, Précoce, De bonne heure, Tôt

362	**Hold**	Prise, Influence, Empire, Tenir, Retenir, Maintenir, Détenir, Avoir, Posséder, Juger, Estimer, Professer, Arrêter, Célébrer
363	**West**	Ouest, Occidental, À (ou) vers l'ouest
364	**Ground**	Sol, Terre, Terrain, Raison, Motif, Fond, Fonder
365	**Interest**	Intérêt, Intéresser
366	**Reach**	Portée, Atteinte, Etendue, Arriver, S'étendre
367	**Fast**	Rapide, Ferme, Vite, Jeûner
368	**Verb**	Verbe
369	**Sing**	Chanter
370	**Listen**	Écouter, Se mettre à l'écoute
371	**Six**	Six
372	**Table**	Table, Mettre la table, Mettre le couvert
373	**Travel**	Voyage, Déplacement, Voyager, Faire des voyages, Aller, Se déplacer
374	**Less**	Moins, Moins de, Sans
375	**Morning**	Matin, Matinée, Du matin, Matinal
376	**Ten**	Dix
377	**Simple**	Simple, Facile
378	**Several**	Plusieur(s)

379	**Vowel**	Voyelle
380	**Toward**	Vers, Envers, A l'égard de, Pour
381	**War**	Guerre, De guerre, Guerrier
382	**Lay**	Coucher, Abattre, Mettre, Parier, Pondre, Poser
383	**Against**	Contre
384	**Pattern**	Modèle, Dessin, Motif, Patron, Échantillon, Modeler
385	**Slow**	Lent, En retard, Lourd, Petit, Lentement, Ralentir, Diminuer de vitesse
386	**Center**	Centre, Central, Du centre, Centriste, Centrer
387	**Love**	Amour, D'amour, Aimer, Affectionner
388	**Person**	Personne, Personnage
389	**Money**	Argent, Sous, Monnaie
390	**Serve**	Service (Tennis), Servir, Être utile à
391	**Appear**	Paraître, Se montrer, Passer à la télé, Comparaître, Sembler
392	**Road**	Route, Rue, Chemin, Voie
393	**Map**	Carte, Plan, Dresser une carte
394	**Rain**	Pluie, Pleuvoir, Faire pleuvoir

395	**Rule**	Règle, Règlement, Gouvernement, Autorité, Gouverner, Régner sur, Commander à, Régler
396	**Govern**	Gouverner, Régir
397	**Pull**	Traction, Attraction, Tirer, Arracher, Ramer
398	**Cold**	Froid, Rhume
399	**Notice**	Avis, Affiche, Écriteau, Annonce, Notice, Attention, Congé, Démission, Remarquer, Observer, S'apercevoir de
400	**Voice**	Voix, Exprimer, Formuler, Verbaliser
401	**Unit**	Unité, Élément, Bloc
402	**Power**	Pouvoir, Puissance, Force, Courant (Électricité), À haute tension, À moteur
403	**Town**	Ville, Municipal, De la ville, À la ville
404	**Fine**	Bon, Beau, Joli, Fin, Petit, Finement, Bien, Admirablement, Amende, Contravention, Mettre à l'amende, Donner une contravention à, Frapper d'une amende
405	**Certain**	Certain, Sûr
406	**Fly**	Mouche, Braguette,

		Voler, Voyager en avion, Flotter, Passer rapidement,
407	**Fall**	Chute, Baisse, Tombée, Automne, Tomber, Baisser, Devenir, S'effondrer, Descendre, Se projeter
408	**Lead**	Plomb, Mine, Tête, Avance, Piste, Premier rôle, Câble, Laisse, Article de tête, Mener, Amener, Induire, Guider, Être à la tête de
409	**Cry**	Cri, Plainte, Crier, S'écrier, Pleurer
410	**Dark**	Sombre, Obscur, Foncé, Obscurité, Nuit, Noir
411	**Machine**	Machine, À la machine, Façonner à la machine
412	**Note**	Note, Billet, Mot
413	**Wait**	Attente, Attendre, Servir
414	**Plan**	Plan, Projet, Tracer le plan de, Organiser, Projeter
415	**Figure**	Figure, Forme, Silhouette, Chiffre, Se figurer, Figurer, Supposer, Penser
416	**Star**	Étoile, Vedette, Star, Avoir pour vedette
417	**Box**	Boîte, Carton, Carter, Barre, Stalle, Emboîter, Mettre en boîte, Boxer

418	**Noun**	Nom (grammaire), Substantif
419	**Field**	Champ, Terrain, Domaine, Marché
420	**Rest**	Repos, Arrêt, Pause, Silence, Support, Appui, Reste, Restant, Rester, Demeurer
421	**Correct**	Correct, Juste, Exact, Corriger, Rectifier
422	**Able**	Capable, Compétent, Pouvoir, Savoir, Être à même de, Être en mesure de
423	**Pound**	Mesure de poids, Broyer
424	**Done**	Fait, Cuit, Épuisé, Claqué, À plat
425	**Beauty**	Beauté, Merveille
426	**Drive**	Promenade, Voyage, Trajet, Allée, Energie, Entrain, Dynamisme, Campagne, Efforts, Traction, Transmission, Conduire, Aller en voiture
427	**Stood**	☞ Stand (N°202)
428	**Contain**	Contenir, Maîtriser
429	**Front**	Devant, Avant, Premier rang, Façade, Front, Prête-nom, Antérieur, De devant, Faire face à, Donner sur
430	**Teach**	Apprendre

		(quelque chose à), Enseigner
431	**Week**	Semaine
432	**Final**	Final, Dernier, Définitif
433	**Give**	Donner, Remettre, Causer, Pousser, Présenter, Porter, Céder
434	**Green**	Vert, Inexpérimenté, Jeune, Naïf, Frais, Vert, Gazon, Pelouse
435	**Prohibit**	Prohiber, Interdire
436	**Quick**	Rapide, Prompt, Vif, Chaire vivante
437	**Develop**	Développer, Manifester, Exploiter, Contracter, Mettre à jour, Se révéler
438	**Ocean**	Océan, Mer
439	**Warm**	Chaud, Chaleureux, Vif, Riche, Chauffer, Réchauffer
440	**Free**	Libre, En liberté, Franc, Gratuit, Débarrassé, Dégagé, Généreux, Libéré, Dégager, Débarrasser, Exempter, Libérer
441	**Minute**	Minute, Tout petit, Minuscule, Détaillé
442	**Strong**	Fort, Vigoureux, Puissant, Solide, Vif, Bon, Robuste

443	**Special**	Spécial, Particulier, Spécialité de la maison
444	**Mind**	Esprit, Idée, Avis, Faire attention à, S'occuper de, Ne pas manquer
445	**Behind**	Derrière, En arrière, En retard, En arrière de, En retard sur, Postérieur
446	**Clear**	Clair, Net, Libre, Dégagé, Débarrassé, Nettement, Distinctement, Complètement, Éclaircir, Nettoyer, Déblayer, Écarter, Dégager, Acquitter, Innocenter, Sortir de, Quitter, S'éloigner de, (Faire) évacuer, Franchir, Sauter
447	**Tail**	Queue, Pan, Suivre, Filer
448	**Produce**	Produits, Produire, Causer, Présenter, Montrer, Mettre en scène
449	**Fact**	Fait, Vérité
450	**Street**	Rue
451	**Inch**	Pouce, Pas, Petit à petit, Aller
452	**Multiply**	(Se) multiplier
453	**Nothing**	Rien, Rien de
454	**Course**	Cours, Route, Courant, Trajet, Plat, Chemin, Piste,

		Terrain, Champ de course, Parcours, (Faire) Courir, Courir, Couler
455	**Stay**	Séjour, Étai, Rester, Demeurer, Se tenir, Séjourner
456	**Wheel**	Roue, Rouler, Pousser
457	**Full**	Plein, Rempli, Entier, Complet, Comble, À part entière, Tout à fait, En plein, Précisément, Parfaitement, Bien
458	**Force**	Force, Forcer, Contraindre, Obliger, Imposer
459	**Blue**	Bleu, Triste, Cafardeux, Obscène
460	**Object**	Objet, But, Complément, Objecter
461	**Decide**	Décider, Se décider
462	**Surface**	Surface, Revêtir, Apprêter, Revenir à la surface, Faire surface, Apparaître
463	**Deep**	Profond, Grave, Foncé, Malin
464	**Moon**	Lune
465	**Island**	Île, Refuge
466	**Foot**	Pied, Patte, Bas
467	**System**	Système, Régime, Méthode

468	**Busy**	Occupé, Affairé, Fréquenté, S'occuper
469	**Test**	Examen, Essai, Analyse, Interrogation, Épreuve, …d'essai, Examiner, Essayer, Analyser, Tester, Mettre à l'épreuve
470	**Record**	Rapport, Procès-verbal, Récit, Dossier, Registre, Disque, Enregistrer
471	**Boat**	Bateau, Canot, Aller en bateau, Faire du canotage
472	**Common**	Commun, Courant, Ordinaire, Vulgaire
473	**Gold**	Or, D'or
474	**Possible**	Possible
475	**Plane**	Avion, Uni, Plat, Égal, Planer, Aplanir
476	**Stead** (In His Stead)	à sa place
477	**Dry**	Sec, Aride, Caustique, Sécher, Faire sécher, Essuyer, Tarir
478	**Wonder**	Merveille, Miracle, Étonnement, S'étonner, S'émerveiller, Se demander
479	**Laugh**	Rire, Se moquer
480	**Thousand**	Mille
481	**Ago**	Il y a... (pour le temps passé)
482	**Ran**	☞ Run (N°241)

483	**Check**	Contrôle, Vérification, Frein, Échec, Addition, Bulletin, Contrôler, Vérifier, Freiner, Arrêter
484	**Game**	Jeu, Partie, Gibier, Brave
485	**Shape**	Forme, Former, Façonner, Se développer, Promettre
486	**Equate**	Mettre sur le même pied, Comparer
487	**Unselfish**	désintéressé
488	**Miss**	Mademoiselle, Coup manqué, Coup raté, Faillir, Manquer, Rater, Ne pas trouver, Ne pas saisir, Se tromper de, Ne pas avoir, Remarquer / Regretter l'absence de
489	**Brought**	☞ Bring (N°493)
490	**Heat**	Chaleur, Ardeur, Épreuve (Sport), (S')échauffer, Chauffer
491	**Snow**	Neige, Neiger
492	**Tire**	Pneu, (Se) fatiguer, (Se) lasser
493	**Bring**	Amener, Apporter, Intenter, Avancer
494	**Yes**	Oui
495	**Distant**	Éloigné, lointain, Distant, Réservé

496	**Fill**	Remplir, plomber, Occuper, Satisfaire, Exécuter
497	**East**	Est, D'est, De l'est, A ou vers l'est
498	**Paint**	Peinture, Peindre, Faire de la peinture
499	**Language**	Langue, Langage
500	**Among**	Parmi, Entre
501	**Grand**	Magnifique, Grand, Noble, Piano à queue, Mille dollars
502	**Ball**	Balle, Boule, Ballon, Bille, Pelote, Peloton, Boulet, Coup manqué, Bal, (S')agglomérer
503	**Yet**	Encore, Jusqu'ici, Déjà, Jusque-là, Malgré tout, Cependant, Tout de même
504	**Wave**	Vague, Onde, Ondulation, Geste, Signe, Agiter, Brandir, Onduler, S'agiter, Flotter, Faire signe à / de
505	**Drop**	Goutte, Baisse, Chute, Descente, Brusque, À pic, Dénivellation, Bonbon, Pendeloque, Lâcher, laisser tomber, Mouiller, Lancer, Mettre à la poste, Laisser, Laisser échapper, Baisser, Supprimer, Perdre

506	**Heart**	Coeur
507	**Am**	☞ Be (N°21)
508	**Present**	Présent, Actuel, Courant, Cadeau, Présenter, Remettre
509	**Heavy**	Lourd, Pesant, Gros, Violent, Grand, Dense
510	**Dance**	Danse, Danser
511	**Engine**	Machine, Moteur
512	**Position**	Position, Situation, Place, Emploi, Attitude, Placer, Mettre en place
513	**Arm**	Bras, Arme, Armer
514	**Wide**	Large, Étendu, Vaste, Répandu, Grand, Loin, À de grands intervalles
515	**Sail**	Voile, Tour en bateau, Aile, Naviguer, Aller
516	**Material**	Matériel, Essentiel, Matière, Tissu
517	**Size**	Apprêt, Dimension, Grandeur, Grosseur, Taille, Format, Pointure, Numéro, Encolure
518	**Vary**	Varier, Changer
519	**Settle**	Fixer, Établir, Calmer, Arranger, Résoudre, Décider
520	**Speak**	Parler, Exprimer, Dire
521	**Weight**	Poids, Pesanteur,

		Peser, Lester
522	**General**	Général, Général (militaire)
523	**Ice**	Glace, Rafraîchir, (Se) Geler, Givrer
524	**Matter**	Matière, Substance, Sujet, Chose, Affaire, Importer, Avoir de l'importance
525	**Circle**	Cercle, Milieu, (En)cercler, Tourner autour de, Tournoyer, Circuler
526	**Pair**	Paire, Couple, (S')apparier
527	**Include**	Inclure, Comporter, Comprendre
528	**Divide**	Diviser, Partager, Répartir, Se diviser
529	**Syllable**	Syllabe
530	**Felt**	Feutre, ☞ Feel (N°312)
531	**Perhaps**	Peut-être
532	**Pick**	Choix, Le meilleur, Pic, Pioche, Cueillir, Choisir, Enlever, Ronger, Se curer une dents
533	**Sudden**	Soudain, Brusque
534	**Count**	Compte, Dénombrer
535	**Square**	Carré, Honnête, Loyal, Décent, Catégorique, Place, Carrer, Élever au carré (mathématique) Cadrer, S'accorder
536	**Reason**	Raison, Raisonner

537	**Length**	Longueur, Morceau, Pièce, Durée
538	**Represent**	Représenter, Signaler
539	**Art**	Art, Métier
540	**Subject**	Sujet, Matière, Assujetir, Subjuguer
541	**Region**	Région, (Dans les « environs » de)
542	**Energy**	Énergie
543	**Hunt**	Chasse, Chasser, Chercher, Rechercher
544	**Probable**	Probable, Sans doute
545	**Bed**	Lit, Banc, Parterre
546	**Brother**	Frère
547	**Egg**	Oeuf, Pousser, Inciter
548	**Ride**	Promenade, Voyage, Course, Trajet, Promener, Voyager
549	**Cell**	Cellule, Élément de pile
550	**Believe**	Croyance, Croire
551	**Fraction**	Fraction
552	**Forest**	Forêt, Boiser
553	**Sitting**	Service, Séance
554	**Race**	Race, Course, Faire la course, Courir, Filer, Emballer, Faire la course avec, Faire courir
555	**Window**	Fenêtre, Vitrine, Glace, Vitre, Guichet

556	**Store**	Réserve, Provision, Magasin, Fonds, Entrepôt, Amasser, Emmagasiner, Approvisionner
557	**Summer**	Été, D'été
558	**Train**	Train, Rame, File, Suite, Traîne, Former, Dresser, Exercer, Diriger, Entraîner (Sport)
559	**Sleep**	Sommeil, Coucher, Dormir, S'endormir
560	**Prove**	Prouver, Se révéler, S'avérer, Se montrer
561	**Lone**	Solitaire
562	**Leg**	Jambe, Patte, Pied, Gigot, Cuisse, Branche, Étape
563	**Exercise**	Exercice, Exercer, User de, Faire preuve de, Tracasser, Faire l'exercice
564	**Wall**	Mûr, Muraille, Paroi, Mural, Entourer de murs, Murer, Emmurer
565	**Catch**	Prise, Capture, Cliquet, Loquet, Loqueteau, Attrape, Aubaine, Attraper, Prendre, Saisir, Obtenir, Rencontrer, Frapper, Ne pas manquer, Attirer, Surprendre, Comprendre, Prendre, S'engager

566	**Mount**	Montagne, Monture, Monter
567	**Wish**	Voeu, Souhait, Désir, Vouloir, Désirer, Souhaiter
568	**Sky**	Ciel, Cieux
569	**Board**	Planche, Panneau, Tableau, Carton, Pension, Commission, Comité, Conseil, Planchéier, Cartonner, Monter, Mettre / Être en pension, Aller à bord de
570	**Joy**	Joie
571	**Winter**	Hiver, Hiverner, Hiberner
572	**Sit**	Passer (un examen), S'asseoir, Être assis, Siéger, Se présenter à
573	**Written**	Écrit, Ecriture
574	**Wild**	Sauvage, Farouche, Fou, Frénétique, Fait au hasard, Nature
575	**Instrument**	Instrument
576	**Kept**	☞ Keep (N°221)
577	**Glass**	Verre, Lunettes, De (ou) en verre, Vitrer
578	**Grass**	Herbe, Pâture, Gazon
579	**Cow**	Vache, Intimider, Dompter
580	**Job**	Tâche, Travail, Boulot, Place, Emploi

581	**Edge**	Bord, Tranchant, Lisière, Border, (Se) faufiler, (Se) glisser
582	**Sign**	Signe, Signer
583	**Visit**	Visite, Séjour, Visiter, Séjourner, Rendre visite à, Faire (une) visite à
584	**Past**	Passé, Ancien, Au-delà de, Plus de
585	**Soft**	Mou, Doux, Tendre, Flasque, Facile, Doucement, Sans bruit
586	**Fun**	Amusement, Plaisanterie, Rigolade
587	**Bright**	Brillant, Éclatant, Vif, Clair, Animé, Intelligent
588	**Gas**	Gaz, Bavardage, Asphyxier Gazer (militaire)
589	**Weather**	Temps, Météorologique, (Se) désagréger, (S')altérer, Faire mûrir, Survivre à, Résister à
590	**Month**	Mois
591	**Million**	Million
592	**Bear**	Ours, Baissier, Porter, Supporter, (Rap)porter, Donner naissance à, Endurer, Se rapporter

593	**Finish**	Fin, Finition, Arrivée, Finir, Terminer, Achever, Usiner
594	**Happy**	Heureux, Content, Satisfait
595	**Hope**	Espoir, Espérance, Espérer
596	**Flower**	Fleur, Fleurir
597	**Clothe**	Habiller, Vêtir, Revêtir
598	**Strange**	Étrange, Singulier, Inconnu
599	**Gone**	Parti, Disparu, Mort, Dingue
600	**Jump**	Saut, Bond, Sursaut, Sauter, Bondir, Sursauter
601	**Baby**	Bébé, De bébé, D'enfant
602	**Eight**	Huit
603	**Village**	Village
604	**Meet**	Rencontre, Tomber sur, Faire la connaissance de, Rejoindre, Retrouver, Croiser, Rencontrer
605	**Root**	Racine, S'enraciner
606	**Buy**	Acheter, Prendre, Offrir
607	**Raise**	Augmentation, Lever, Relever, Soulever, Élever
608	**Solve**	Résoudre
609	**Metal**	Métal, Empierrer
610	**Whether**	…Si…
611	**Push**	Poussée, Impulsion, Coup, Pousser, Bousculer, Appuyer sur
612	**Seven**	Sept

613	**Paragraph**	Paragraphe, Ailéna
614	**Third**	Trosième, Trois, Tiers
615	**Shall**	Verbe auxiliaire pour exprimer le future ou l'obligation
616	**Held**	☞ Hold (N°362)
617	**Hair**	Cheveu, Poil
618	**Describe**	Décrire
619	**Cook**	Cuisinier, Cuire, Cuisiner
620	**Floor**	Sol, Plancher, Étage, Planchéier, Terrasser, Consterner, Atterrer
621	**Either**	Chaque, L'un et l'autre de, L'un ou l'autre de
622	**Result**	Résultat, Résulter, Provenir
623	**Burn**	Brûlure, Brûler
624	**Hill**	Colline, Côte
625	**Safe**	En sécurité, À l'abri, Hors de danger, Sûr, Sans danger, Sans risque, Coffre-fort, Garde-manger
626	**Cat**	Chat, Chatte
627	**Century**	Siècle
628	**Consider**	Considérer, Estimer, Prendre en considération, Réfléchir à
629	**Type**	Type, Genre, Modèle, Caractère, Taper (à la machine)

630	**Law**	Loi, Droit
631	**Bit**	Morceau, Bout, Pièce
632	**Coast**	Côte, Rivage, Suivre la côte, Descendre
633	**Copy**	Copie, Reproduction, Exemplaire, Numéro, Manuscrit, Double, Matière à reportage, Copier, Reproduire
634	**Phrase**	Locution, Expression, Exprimer, Rédiger, Phraser
635	**Silent**	Silencieux, Muet
636	**Tall**	Grand, De haute taille, Haut, Élevé, Fort
637	**Sand**	Sable, De sable, Sablé, Sabler
638	**Soil**	Sol, Terre, (Se) salir, Souiller
639	**Roll**	Rouleau, Liasse, Bobine, Petit pain, Roulement, Liste, Rouler, Laminer, Couler, Gronder
640	**Temperature**	Température
641	**Finger**	Doigt, Manier, Toucher, Tripoter
642	**Industry**	Industrie
643	**Value**	Valeur, Évaluer, Estimer, Priser
644	**Fight**	Combat, Lutte, Bagarre,

		Se battre avec, Combattre, Lutter contre, Se défendre contre
645	**Lie**	Mensonge, Mentir, Démentir, Être étendu, Être allongé, Être, Se trouver, Reposer, S'étendre, S'allonger, Se coucher
646	**Beat**	Battement, Dépasser, Devancer, Battre
647	**Excite**	Exciter
648	**Natural**	Naturel, Inné, Vraie
649	**View**	Vue, Aperçu, Intention, Avis, Regarder, Considérer, Inspecter, Apercevoir, Envisager, Afficher
650	**Sense**	Sentiment, Sensation, Bon sens, Intelligence, Signification, Sentir, Devenir, Pressentir
651	**Ear**	Oreille, Épi
652	**Else**	Autrement, Autre, Encore
653	**Quite**	Tout à fait, Entièrement, Parfaitement, Très bien
654	**Broke**	Fauché, À sec
655	**Case**	Cas, Fait, Cause, Affaire, Réclamation, Caisse, Étui, Boîte, Boîtier, Vitrine, Casse, Encaisser, Envelopper

656	**Middle**	Milieu, Taille, Du milieu, Moyen, Intermédiaire
657	**Kill**	Tuer, Supprimer, Faire échouer
658	**Son**	Fils
659	**Lake**	Lac, Laque (peinture)
660	**Moment**	Moment, Instant, Importance
661	**Scale**	Écaille, Balance, (S')écailler, Peser, Échelle, Gamme, Escalader
662	**Loud**	Bruyant, Retentissant, Criard
663	**Spring**	Printemps, Saut, Bond, Ressort, Sauter, Bondir, Jaillir
664	**Observe**	Observer, Faire observer
665	**Child**	Enfant
666	**Straight**	Droit, En ordre, Directement
667	**Consonant**	Harmonieux, Consonant, Conforme à
668	**Nation**	Nation
669	**Dictionary**	Dictionnaire
670	**Milk**	Lait, Taire, Dépouiller
671	**Speed**	Vitesse, Rapidité, Filer, Rouler trop vite
672	**Method**	Méthode
673	**Organ**	Organe, Orgue

674	**Pay**	Salaire, Paie, Gages, Solde, Payer, Régler, Présenter
675	**Age**	Âge, Époque, Vieillir
676	**Section**	Section, Coupe, Paragraphe, Quartier, Sectionner
677	**Dress**	Robe, Costume, Habillement, Habits, (S')habiller
678	**Cloud**	Nuage, (Se) couvrir, (S')assombrir
679	**Surprise**	Surprise, Étonnement, Coup de main, Étonner, Surprendre
680	**Quiet**	Tranquille, Calme, Silencieux, Discret, Tranquillité, Calme, (Se) calmer
681	**Stone**	Pierre, Noyau, De pierre, En pierre, Dénoyauter
682	**Tiny**	Tout petit, Minuscule
683	**Climb**	Monter, Grimper
684	**Cool**	Frais, Froid, Tiède, Frais, (Se) rafraîchir
685	**Design**	Dessin, Projet, Dessin, Conception, Plan, Modèle, Design, Esthétique industrielle, Projeter, Concevoir, Créer, Dessiner
686	**Poor**	Pauvre, Médiocre, Mauvais, Faible

687	**Lot**	Sort, Destinée, Lot
688	**Experiment**	Expérience, Faire des expériences
689	**Bottom**	Bas, Fond, Siège, Creux, Dessous, Derrière, (D')en bas, Du bas, Inférieur, Dernier, Fondamental
690	**Key**	Clé, Clef, Touche, Ton, Accorder (Musique)
691	**Iron**	Fer, De fer, En fer, Repasser
692	**Single**	Seul, Simple, Unique, Individuel, Célibataire, Pour une personne, 45 tours (Musique), Aller
693	**Stick**	Bâton, Canne, Baguette, Manche, Morceau, Enfoncer, Planter, Mettre, Fourrer, Coller, Supporter
694	**Flat**	Plat, À plat, À plat ventre, Fade, Éventé, Monotone, Net, Catégorique, Pays plat, Plaine, Appartement, Pneu crevé
695	**Twenty**	Vingt
696	**Skin**	Peau, Dépouiller, Écorcher, Éplucher, Se recouvrir de peau
697	**Smile**	Sourire, Sourire à
698	**Crease**	Pli, (Se) plisser, (Se) froisser

699	**Hole**	Trou, Trouer, Faire un trou dans
700	**Trade**	Commerce, Affaires, Métier, Faire des affaires, Faire le commerce, Échanger
701	**Melody**	Mélodie
702	**Trip**	Excursion, Voyage, Faux pas, Trébucher, Faire un faux pas, Marcher à petits pas, Faire un croc-en-jambe à, Faire trébucher
703	**Office**	Bureau, Ministère, Fonction, Charge
704	**Receive**	Recevoir
705	**Row**	Rang, Rangée, File, Ligne, Promenade, Vacarme, Chahut, Dispute, Réprimande, Ramer, Faire du canotage, Se quereller
706	**Mouth**	Bouche, Gueule, Emboucher, Goulot, Entrée
707	**Exact**	Exact, Précis, Juste, Exiger, Extorquer, Réclamer
708	**Symbol**	Symbole
709	**Die**	Dé, Mourir, Brûler
710	**Least**	Le moindre, Le plus petit, (Le) moins

711	**Trouble**	Ennuis, Difficulté, Souci, Inquiétude, Mal, Peine, Troubles, Inquiéter, Déranger, Gêner, Ennuyer, Donner de la peine à
712	**Shout**	Cri, Éclat, Crier
713	**Except**	Excepté, À l'exception de, Sauf, À moins que, Excepter
714	**Unstinting**	Sans réserve, Géneruex (euse), Prodigue
715	**Seed**	Gain, Pépin, Germe, Ensemencer, Enlever la graine de, Monter en graine
716	**Tone**	Ton, Sonorité
717	**Join**	Joint, Joindre, Rejoindre, Retrouver, Se joindre à, S'inscrire à, Adhérer à, Devenir membre de, S'unir, Se (re)joindre
718	**Suggest**	Suggérer, Proposer, Insinuer
719	**Clean**	Propre, Net, Tout à fait, Absolument, Nettoyer, Balayer
720	**Break**	Rupture, Fracture, Brèche, Lacune, Arrêt, Pause, Récréation, Chance, Briser, Cesser, Rompre, Enfoncer,

1000 Words to Speack French

		Résilier, Faire sauter, S'évader de, Se rompre, (Se) casser, Se briser, Déferler, Se dissiper, Tourner, S'altérer
721	**Lady**	Calme, Lady
722	**Yard**	Yard, Vergue, Cour, Chantier, Dépôt
723	**Rise**	Montée, Élévation, Hausse, Lever, Crue, Augmentation, Avancement, Source, Monter, Se lever, S'élever, Se soulever
724	**Bad**	Mauvais, Méchant, Grave, Faux, Vilain
725	**Blow**	Coup, Coup de vent, Souffle, Souffler, Souffler, Pousser, Sonner, Faire sauter, Manger
726	**Oil**	Huile, Pétrole, Mazout, Huiler, Graisser
727	**Blood**	Sang
728	**Touch**	Toucher (le), Contact léger, Soupçon, Pinceau, Nuance, Toucher, Toucher à
729	**Grow**	Pousser, Croître, Grandir, Augementer
730	**Cent**	Cent (1/100 dollar), Sou
731	**Mix**	(Se) mélanger, (Se) mêler

732	**Team**	Équipe, Attelage
733	**Wire**	Fil, Fil électrique, Télégramme, En / de fil de fer, Munir d'un fil métallique, (R)attacher avec du fil de fer, Brancher, Télégraphier à
734	**Cost**	Coût, Frais, Dépens, Coûter
735	**Lost**	Perdu, Désorienté, Égaré
736	**Brown**	Brun, Châtain, Marron, (Se) brunir, (Faire) dorer
737	**Wear**	Usage, Usure, Vêtements, Porter, User, Épuiser, Ronger, Faire de l'usage, Résister à l'usure, Se conserver, Tenir le coup
738	**Garden**	Jardin, Jardiner
739	**Equal**	Égal, Égaler
740	**Sent**	☞ Send (N°838)
741	**Choose**	Chosir, Juger bon
742	**Fell**	Abattre, Assommer ☞ Fall (N°407)
743	**Fit**	Coupe, Ajustement, Bon, Propre, Convenable, En bonne forme, En bonne santé, Capable, Prêt, Adapter, Installer, Accommoder, Poser, Aller à, Pourvoir,

		S'accorder avec, Assembler, Emboîter
744	**Flow**	Courant, Cours, Passage, Écoulement, Flux, Couler, Circuler, Flotter, S'écouler, Monter
745	**Fair**	Foire, Beau, Juste, Blond, Assez bon, Loyalement, Franc jeu
746	**Bank**	Banque, Rive, Bord, Banc, Couche, Remblai, Talus, Bord relevé, Rang, Rangée, Clavier, Relever, Amonceler, Entasser, Couvrir, Endiguer, Entreposer, S'amonceler, Déposer en banque, Avoir un compte en banque
747	**Collect**	Assembler, Amasser, Collectionner, Ramasser, Aller chercher, Lever, Percevoir, Encaisser, S'assembler
748	**Save**	Excepté, Sauf, Sauver, Economiser, Épargner, Mettre de côté, Gagner, Garder, Sauvegarder, Éviter, Épargner, Faire des économies, Mémoriser, Sauvegarder

749	**Control**	Contrôle, Autorité, Maîtrise, Diriger, Régler, Maîtriser, Contrôler
750	**Decimal**	Décimal
751	**Gentle**	Doux, Modéré, léger, Noble
752	**Woman**	Femme, De femme
753	**Captain**	Capitaine, Chef d'équipe, Être le capitaine de, Commander
754	**Practice**	Pratique, Exercice, Entraînement, Clientèle, Pratiquer
755	**Separate**	Séparé, Détaché, indépendant, Particulier, (Se) séparer
756	**Difficult**	Difficile, Délicat
757	**Doctor**	Docteur, Médecin
758	**Please**	Plaire, Être agréable, Plaire à
759	**Protect**	Protéger
760	**Noon**	Midi
761	**Whose**	À qui, Dont
762	**Locate**	Repérer, Trouver, Situer
763	**Ring**	Anneau, Bague, Rond, Cercle, Cartel, Arène, Ring (Boxe), Tintement, Son, Accent, Coup de sonnette,

		Coup de téléphone, Sonner, Tinter, Résonner, Baguer, Entourer
764	**Character**	Caractère, Personnage, Personnalité, Original, Numéro, Symbole
765	**Insect**	Insecte
766	**Caught**	☞ Catch (N°565)
767	**Period**	Période, Époque, Leçon, Point, Règles (cycle menstruel)
768	**Indicate**	Indiquer
769	**Radio**	Radio, Envoyer par radio, Appeler par radio
770	**Spoke**	Rayon, Échelon ☞ Speak (N°520)
771	**Atom**	Atome
772	**Human**	Humain
773	**History**	Histoire
774	**Effect**	Effet, Action, Vigueur, Sens, Effectuer, Opérer, Réaliser
775	**Electric**	Électrique, Électrisant
776	**Expect**	S'attendre à, Escompter, Exiger, Attendre, Penser, Croire, Songer à
777	**Crop**	Récolte, Moisson, Cueillette, Coupe, Tondre, Couper, Brouter
778	**Modern**	Moderne

779	**Element**	Elément
780	**Hit**	Coup, Touche, Succès, Coup réussi, Succès, Frapper, Heurter, Atteindre, Porter, Trouver, Arriver à
781	**Student**	Étudiant, Estudiantin
782	**Corner**	Coin, Tournant, Virage, Dilemme, Acculer, Coincer, Accaparer
783	**Party**	Parti, Soirée, Fête, Parti, Groupe, Équipe, Détachement, Complice, Individu
784	**Supply**	Approvisionnement, Ravitaillement, Réserve, Provision, Service, Fournir, Approvisionner, Munir, Alimenter, Ravitailler, Répondre à
785	**Bone**	Os, Arête, Désosser, Ôter les arêtes de, Potasser
786	**Rail**	Barre, Parapet, Palissade, Grille, Rail, Chemin de fer, Entourer d'une grille, Crier, Se répandre en invectives
787	**Imagine**	Imaginer, S'imaginer, Supposer, Se figurer
788	**Provide**	Pourvoir, Munir, Fournir, Stipuler

789	**Agree**	Concorder, Admettre, Avouer, Être d'accord (avec), Se mettre d'accord, S'accorder
790	**Thus**	Ainsi, Donc, De cette manière
791	**Capital**	Capital, Capitale, Fonds, Chapiteau
792	**Won't** = Will Not	☞ Will (N°56)
793	**Chair**	Chaise, Fauteuil, Chaire, Présider
794	**Danger**	Danger, Risque
795	**Fruit**	Fruit, Porter ses fruits
796	**Rich**	Riche, Généreux
797	**Thick**	Épais, Dense, Empâté, Partie épaisse
798	**Soldier**	Soldat
799	**Process**	Processus, Procédé, Méthode, Procès, Traiter
800	**Operate**	Faire marcher, Faire fonctionner, Diriger, Gérer, Exploiter, Marcher, Fonctionner, Faire effet
801	**Guess**	Conjecture, Deviner, Supposer, Penser, Croire, Deviner, Estimer
802	**Necessary**	Nécessaire, Indisepensable, Inévitable, Inéluctable
803	**Sharp**	Tranchant, Aiguisé, Aigu, Piquant, Fort, Vif, Fin, Net, Marqué, Perçant, Vert,

		Saillant, Prononcé, Sévère, Peu honnête, Élégant, Chic, Trop haut (Musique), Brusquement, Pile, Dièse
804	**Wing**	Aile, Battant, Blesser à l'aile (ou) au bras, Voler
805	**Create**	Créer, Faire
806	**Neighbor**	Voisin(e)
807	**Wash**	Lessive, Badigeon, Blanchissage, Toilette, Sillage, Laver
808	**Bat**	Chauve-souris, Batte, Raquette
809	**Rather**	Plutôt, Quelque peu, Un peu, Assez
810	**Crowd**	Foule, Remplir, Entasser, Se presser, S'attrouper
811	**Corn**	Grain, Blé, Maïs, Saler
812	**Compare**	Comparer, Être comparable
813	**Poem**	Poème
814	**String**	Ficelle, Corde, Rang, File, Fibre, Capelet, À cordes, Pour cordes, Enfiler, Monter, Effiler, Corder
815	**Bell**	Cloche, Sonette, Timbre, Sonnerie
816	**Depend**	Dépendre de, Se trouver à la charge de, Compter sur, Se fier à

817	**Meat**	Viande
818	**Rub**	Frottement, Friction, Coup de torchon, Frotter, Frictionner
819	**Tube**	Tube, Tuyau, Chambre à air, Métro
820	**Famous**	Célèbre, Illustre
921	**Dollar**	Dollar
822	**Stream**	Cours d'eau, Courant, Couler
823	**Fear**	Peur, Crainte
824	**Sight**	Vue, Spectacle, Portée de la vue
825	**Thin**	Mince, Peu épais
826	**Triangle**	Triangle
827	**Planet**	Planète
828	**Hurry**	Hâte, Précipitation, Hâter, Presser
829	**Chief**	Principal, Premier, En chef, Chef
930	**Colony**	Colonie
831	**Clock**	Horloge, Pendule
832	**Mine**	Le mien, La mienne, Les miens, Les miennes, À moi, Mine, Miner
833	**Tie**	Lien, Cravate, Nouer, Faire un noeud
834	**Enter**	Entrer dans, Pénétrer, Monter dans

835	**Major**	Majeur, Le plus grand, Commandant
836	**Fresh**	Frais, Récent, Nouveau
837	**Search**	Recherche, Chercher dans, Fouiller dans
838	**Send**	Envoyer, Remettre
839	**Yellow**	Jaune, Jaunir, Devenir Jaune
840	**Gun**	Arme à feu, Revolver, Fusil
841	**Allow**	Permettre, Admettre, Tolérer, Laisser, Prévoir, Accorder
842	**Print**	Empreinte, Imprimé, Imprimer
843	**Dead**	Mort, De mort, Engourdi, Terne, Aveugle, Sourd (à), Sans courant (électricité), Absoluement, Complètement
844	**Spot**	Tache (la) Pois, Lieu, Endroit, Projecteur, Au hasard, Tacher, Apercevoir
845	**Desert**	Désert, Désertique, Déserter, Abandonner
846	**Suit**	Complet, Tailleur, Ensemble, Adapter, Accommoder
847	**Current**	Actuel, Du moment, En cours, Courant (d'eau, électrique),

		Tendance
848	**Lift**	Haussement, Levée, Lever, Voler
840	**Rose**	Rose ☞ Rise (N°726)
850	**Continue**	Continuer
851	**Block**	Bloc, Pâté, Obstruction, Embouteillage, Bloquer
852	**Chart**	Diagramme, Graphique, Porter sur une carte
853	**Hat**	Chapeau
854	**Sell**	Vendre
855	**Success**	Succès, Réussite, Chance
856	**Company**	Compagnie
857	**Subtract**	Soustraire
858	**Event**	Événement, Cas, Épreuve
859	**Particular**	Particulier, Spécial, Détaillé, Détail, Point
860	**Deal**	Marché, Quantité, Beaucoup, Distribuer, commercer avec, Faire du commerce avec
961	**Swim**	Nager, Faire de la natation, Traverser à la nage
862	**Term**	Temps, Durée, Limite, Terme, Session, Trimestre, Échéance, Appeler, Nommer

863	Opposite	Opposé, Contraire, (D')en face, En face, Vis-à-vis
864	Wife	Femme, Épouse
865	Shoe	Chaussure, Soulier, Fer, Sabot, Patin, Ferrer
866	Shoulder	Épauler, À bandoulière
867	Spread	Étendue, Envergure, Propagation, Diffusion, Dessus de lit, Pâte, Festin, (S')ouvrir, (Se)répandre, (S')étaler, (S')étendre, Tartiner
868	Arrange	Arranger, Ranger
869	Camp	Camp, Campement, Camper
870	Invent	Inventer
871	Cotton	Coton, De coton
872	Born	Né
873	Determine	Déterminer, Décider, Résoudre, Se décider
874	Quarter	Quart, Quartier, Pièce, Trimestre
875	Nine	Neuf
876	Truck	Camion, Chariot, Wagon à marchandises ouvert, Transporter par camion, Camionner, Relations, Rapports, Troc, Échange, Paiement en nature
877	Noise	Bruit

878	**Level**	Plat, Plan, Ras, Niveau, Terrain, Surface, Niveler, Égaliser, Pointer
879	**Chance**	Chance, Hasard, Occasion, Fortuit, Accidentel
880	**Gather**	Recueillir, Cueillir, Rassembler, Ramasser, Récolter
881	**Shop**	Magasin, Boutique, Atelier
882	**Stretch**	Étendu, Extension, Élasticité, Tendre, Étendre, Allonger, Déployer
883	**Throw**	Jet, Jeter, Lancer, Projeter
884	**Shine**	Éclat, Brillant, Briller, Luire, Polir, Cirer
885	**Property**	Propriété, Biens, Immeubles
886	**Column**	Colonne
887	**Molecule**	Molécule
888	**Select**	Choisi, D'élite, Choisir
889	**Wrong**	Mauvais, Faux, Inexact, Erroné, Mal
890	**Grey**	Gris, Sombre, Grisonner
891	**Repeat**	Reprise, Répéter, Réitérer
892	**Require**	Demander, Avoir besoin, Nécessiter, Exiger
893	**Broad**	Large, Plein, Grand
894	**Prepare**	Préparer, Se préparer
895	**Salt**	Sel, Salé, Saler
896	**Nose**	Nez, Flair, Sentir, Flairer

897	**Plural**	Pluriel
898	**Anger**	Colère, Irriter, Mettre en colère
899	**Claim**	Demande, Réclamation, Revendication, Revendiquer, Réclamer, Demander
900	**Continent**	Continent, Chaste
901	**Oxygen**	Oxygène
902	**Sugar**	Sucre, Sucrer
903	**Death**	Mort, Décès
904	**Pretty**	Joli, Assez
905	**Skill**	Adresse, Habilité
906	**Women**	(pluriel) Woman (N°752)
907	**Season**	Saison, Dessécher, Assaisonner
908	**Solution**	Solution
909	**Magnet**	Aimant
910	**Silver**	Argent (métal)
911	**Thank**	Remercier, Remerciements
912	**Branch**	Branche, Succursale
913	**Match**	Allumette, Egal, Pareil, Match (de sport), Valoir, Aller avec, S'assortir à, Être assorti à, Égaler
914	**Suffix**	Suffixe
915	**Especially**	Particulièrement, Surtout, Exprès
916	**Fig**	Figue, Figuier

917	**Afraid** (Be Afraid Of)	Avoir peur de
918	**Huge**	Immense, Énorme
919	**Sister**	Sœur, Religieuse, Infirmière en chef
920	**Steel**	Acier, Aciérer, S'armer de courage (pour)
921	**Discuss**	Discuter
922	**Forward**	Avant, De devant, D'avant, Avancer, Expédier
923	**Similar**	Semblable, Pareil
924	**Guide**	Guide, Guider, Conduire, Diriger
925	**Experience**	Expérience, Connaître
926	**Score**	Score, Nombre, Marquer
927	**Apple**	Pomme
928	**Bought**	☞ Buy (N°606)
929	**Led**	☞ Lead (N° 408)
930	**Pitch**	Lancement, Lancer
931	**Coat**	Manteau, Veston, Enduire, Revêtir
932	**Mass**	Messe, Masse, Se masser
933	**Card**	Carte, Carton
934	**Band**	Bande, Ruban, Cercle, Troupe, Orchestre
935	**Rope**	Corde, Cordage, Cordon
936	**Slip**	Glissade, Erreur, Écart de conduite, Faux pas, Glisser,

		Se faufiler, Se glisser, S'esquiver, S'écouler, Glisser, Couler, S'échapper de
937	**Win**	Victoire, Gagner, Remporter, Acquérir, Parvenir à, Arriver à
938	**Dream**	Rêve, Songe, Rêver de
939	**Evening**	Soir, Soirée
940	**Condition**	Condition, Déterminer, Conditionner
941	**Feed**	Alimentation, Nourriture, Nourrir, Donner à manger
942	**Tool**	Outil, Travailler, Façonner, Ouvrager
943	**Total**	Total, Additioner
944	**Basic**	Fondamental, Basique
945	**Smell**	Odeur, Odorat, Sentir
946	**Valley**	Vallée, Vallon
947	**Nor**	Ni…, Ne…pas non plus
948	**Double**	Double, À deux personnes, Deux fois autant, Doubler, Serrer, Plier en deux
949	**Seat**	Siège, Place, Fond, Asseoir, Placer, Avoir des places assises pour
950	**Arrive**	Arriver, Arriver à, Parvenir à
951	**Master**	Maître, Patron, Chef, Maîtriser, Apprendre

952	**Track**	Trace, Piste, Sentier, Suivre la trace
953	**Parent**	Père, Mère, Proches
954	**Shore**	Rivage, Bord, Côte
955	**Division**	Division, Partage, Classe
956	**Sheet**	Feuille, Nappe, Couche, Drap, Écoute
957	**Substance**	Substance, Solidité, Importance, Fortune
958	**Favor**	Faveur, Bonté
959	**Connect**	(Se) (re)lier, (Se) joindre, (Inter)connecter, Brancher
960	**Post**	Poteau, Poste, Situation, Courrier, Afficher, Poster, Mettre en fonction, Poster, Mettre à la poste, Envoyer par la poste
961	**Spend**	Dépenser, Passer
962	**Chord**	Corde, Accord (musique)
963	**Fat**	Gras, Gros, Graisse, (S') engraisser
964	**Glad**	Content, Ravi, Heureux
965	**Original**	Original, Originel
966	**Share**	Part, Portion, Contribution, Action, Partager, Avoir en commun, Avoir part à, Prendre part à, Particper à
967	**Station**	Poste, Station, Gare, Situation, Condition, Rang, Placer, Poster

968	**Daddy**	Papa
969	**Bread**	Pain, Gagne-pain, Subsistance
970	**Charge**	Charge, Soin, Garde, Attaque, Prix, Charger, Passer, Débiter, Accuser, Inculper
971	**Proper**	Adéquat, Bon, Vrai
972	**Bar**	Barre, Barreau, Traverse, Brique, Lingot, Excepté, Sauf, Barrer, Griller, Barricader, Exclure, Empêcher
973	**Offer**	Offre, Offrir, Présenter, Proposer, S'offrir
974	**Segment**	Segment, (Se) segmenter
975	**Slave**	Esclave, Travailler comme un nègre
976	**Duck**	Canard, Cane, Baisser, Esquiver, Se dérober à
977	**Instant**	Instant, Moment, Instantané, Urgent
978	**Market**	Marché, Créneau, Lancer sur le marché, Trouver des débouchés sur le marché, Vendre
979	**Degree**	Degré, Grade, Rang
980	**Populate**	Peupler
981	**Chick**	Oisillon, Poussin

982	**Dear**	Cher, Coûteux
983	**Enemy**	Ennemi(e)
984	**Reply**	Répondre, Réponse
985	**Drink**	Boisson, Boire
986	**Occur**	Se produire, Se trouver
987	**Support**	Appui, Soutien, Maintien, Ressources, Appuyer, Supporter, Soutenir, Maintenir, Faire vivre, Tolérer
988	**Speech**	Parole(s), Discours
989	**Nature**	Nature
990	**Range**	Rangée, Chaîne, Assortiment, Choix, Échelle, Gamme, Série, Portée, Étendue, Rayon, Aligner, Ranger, Placer, Disposer, Parcourir, Courir, S'étendre
991	**Steam**	Vapeur, Buée, Fumer, Jeter la vapeur
992	**Motion**	Mouvement, Marche, Geste, Motion, Faire signe (à)
993	**Path**	Chemin, Sentier, Trajectoire, Chemin, Route
994	**Liquid**	Liquide
995	**Log**	Bûche, Registre, Journal de bord, Carnet de vol, Journal (informatique), Carnet de route, Enregistrer

996	**Meant**	☞ Mean (N°142)
997	**Quotient**	Quotient
998	**Tooth**	Dent
999	**Shell**	Coquille, Écaille, Carapace, Cosse, Coquillage, Carcasse, Décortiquer, Écosser, Bombarder (militaire)
1000	**Neck**	Cou, Collet, Goulot, Encolure, Se peloter

**

1000 English Words in the alphabetical order

1000 Mots Anglais dans l'ordre alphabetic

N^{os}	Word	Traduction en français
1	**A**	Un(e)
2	**Able**	Capable, Compétent, Pouvoir, Savoir, Être à même de, Être en mesure de
3	**About**	Autour de, Environ, Presque, Au sujet de, Tout autour, Alentour
4	**Above**	Au-dessus de, Supérieur à, En haut, Là-haut, Au-dessous, Précédent
5	**Act**	Agir, Jouer, Acte, Action, Loi, Décret
6	**Add**	Ajouter, Joindre, Additionner
7	**Afraid** (Be Afraid Of)	Avoir peur de
8	**After**	Après, Plus tard, Ensuite, À la suite de, Suivant, Selon, D'après, Après que, Subséquent, Futur
9	**Again**	Encore, Encore une fois, De nouveau, D'autre part
10	**Against**	Contre
11	**Age**	Age, Epoque, Vieillir
12	**Ago**	Il y a... (pour le temps passé)
13	**Agree**	Concorder, Admettre, Avouer, Être d'accord (avec), Se mettre d'accord, S'accorder

14	Air	Air, Mine, Apparence, Aérer, Ventiler, Faire connaître, Faire parade de, Diffuser, Téléviser
15	All	Tout, Entier, Entièrement
16	Allow	Permettre, Admettre, Tolérer, Laisser, Prévoir, Accorder
17	Also	Aussi, Encore, Également
18	Always	Toujours
19	Am	☞ Be (N°21)
20	Among	Parmi, Entre
21	An	Un(e)
22	And	Et
23	Anger	Colère, Irriter, Mettre en colère
24	Animal	Animal, Brute
25	Answer	Solution, Réponse, Répondre, Remplir Faire réponse à
26	Any	Un, Tout, N'importe quel, N'importe lequel
27	Appear	Paraître, Se montrer, Passer à la télé, Comparaître, Sembler
28	Apple	Pomme
29	Are	☞ Be (n°21)
30	Area	Aire, Superficie, Secteur, Région, Zone, Domaine
31	Arm	Bras, Arme, Armer
32	Arrange	Arranger, Ranger
33	Arrive	Arriver, Arriver à,

		Parvenir à
34	**Art**	Art, Métier
35	**As**	Aussi, Si, Comme, Puisque, Au moment où, (Au)tant que,
36	**Ask**	Demander, Inviter, Prier, Demander, Demander à voir
37	**At**	A, En, Auprès de, Sur, Chez
38	**Atom**	Atome
39	**Baby**	Bébé, De bébé, D'enfant
40	**Back**	Dos, Reins, Revers, Dossier, Fond, Derrière, Arrière, De derrière, Sur la cour, En arrière, De retour, Renforcer, Endosser, Miser sur, Appuyer, Soutenir, Servir de fond à, Mettre en arrière, Financer, Aller en arrière, Marcher à reculons
41	**Bad**	Mauvais, Méchant, Grave, Faux, Vilain
42	**Ball**	Balle, Boule, Ballon, Bille, Pelote, Peloton, Boulet, Coup manqué, Bal, (S')agglomérer
43	**Band**	Bande, Ruban, Cercle, Troupe, Orchestre
44	**Bank**	Banque, Rive, Bord, Banc, Couche, Remblai, Talus, Bord

1000 Words to Speack French

		relevé, Rang, Rangée, Clavier, Relever, Amonceler, Entasser, Couvrir, Endiguer, Entreposer, S'amonceler, Déposer en banque, Avoir un compte en banque
45	**Bar**	Barre, Barreau, Traverse, Brique, Lingot, Excepté, Sauf, Barrer, Griller, Barricader, Exclure, Empêcher
46	**Base**	Bas, Vil, Ignoble, Faux, Base, Culot, Baser, Fonder
47	**Basic**	Fondamental, Basique
48	**Bat**	Chauve-souris, Batte, Raquette
49	**Be**	Etre, Se trouver, Exister
50	**Bear**	Ours, Baissier, Porter, Supporter, (Rap)porter, Donner naissance à, Endurer, Se rapporter
51	**Beat**	Battement, Dépasser, Devancer, Battre
52	**Beauty**	Beauté, Merveille
53	**Bed**	Lit, Banc, Parterre
54	**Been**	☞ Be (n°21)
55	**Before**	En avant, Devant, Auparavant, Avant, Avant que, Devant
56	**Began**	☞ Begin (N°257)

85

57	**Begin**	Commencer, Se mettre à
58	**Behind**	Derrière, En arrière, En retard, En arrière de, En retard sur, Postérieur
59	**Believe**	Croyance, Croire
60	**Bell**	Cloche, Sonette, Timbre, Sonnerie
61	**Best**	Meilleur, Mieux
62	**Better**	Meilleur, Mieux S'améliorer
63	**Between**	Entre, Au milieu
64	**Big**	Grand, Gros
65	**Bird**	Oiseau, Gonzesse
66	**Bit**	Morceau, Bout, Pièce
67	**Black**	Noir, Noircir, Cirer
68	**Block**	Bloc, Pâté, Obstruction, Embouteillage, Bloquer
69	**Blood**	Sang
70	**Blow**	Coup, Coup de vent, Souffle, Souffler, Souffler, Pousser, Sonner, Faire sauter, Manger
71	**Blue**	Bleu, Triste, Cafardeux, Obscène
72	**Board**	Planche, Panneau, Tableau, Carton, Pension, Commission, Comité, Conseil, Planchéier, Cartonner, Monter,

1000 Words to Speack French

		Mettre / Être en pension, Aller à bord de
73	**Boat**	Bateau, Canot, Aller en bateau, Faire du canotage
74	**Body**	Corps, Cadavre, Masse, Carrosserie
75	**Bone**	Os, Arête, Désosser, Ôter les arêtes de, Potasser
76	**Book**	Livre, Registre, Carnet, Cahier, Inscrire, Prendre (un billet), Retenir, Réserver, Louer, Enregistrer
77	**Born**	Né
78	**Both**	Tous (les) deux, L'un et l'autre
79	**Bottom**	Bas, Fond, Siège, Creux, Dessous, Derrière, (D')en bas, Du bas, Inférieur, Dernier, Fondamental
80	**Bought**	☞ Buy (N°606)
81	**Box**	Boîte, Carton, Carter, Barre, Stalle, Emboîter, Mettre en boîte, Boxer
82	**Boy**	Garçon, Pote
83	**Branch**	Branche, Succursale
84	**Bread**	Pain, Gagne-pain, Subsistance
85	**Break**	Rupture, Fracture, Brèche, Lacune, Arrêt,

		Pause, Récréation, Chance, Briser, Cesser, Rompre, Enfoncer, Résilier, Faire sauter, S'évader de, Se rompre, (Se) casser, Se briser, Déferler, Se dissiper, Tourner, S'altérer
86	**Bright**	Brillant, Eclatant, Vif, Clair, Animé, Intelligent
87	**Bring**	Amener, Apporter, Intenter, Avancer
88	**Broad**	Large, Plein, Grand
89	**Broke**	Fauché, A sec
90	**Brother**	Frère
91	**Brought**	☞ Bring (N°493)
92	**Brown**	Brun, Châtain, Marron, (Se) brunir, (Faire) dorer
93	**Build**	Construction, Carrure, Construire, Bâtir
94	**Burn**	Brûlure, Brûler
95	**Busy**	Occupé, Affairé, Fréquenté, S'occuper
96	**But**	Mais, Or, Toutefois, Sans, Que
97	**Buy**	Acheter, Prendre, Offrir
98	**By**	Prés de, A côté de, Au bord de, Par, Avant, Pour, Près, De côté
99	**Call**	Appel, Cri, Visite, Demande, Vocation,

		Nomination, Appeler, Crier, Convoquer, Héler, Faire venir, Attirer, Décréter, Nommer, Téléphoner, Faire une visite, Passer
100	**Came**	☞ Come (N°80)
101	**Camp**	Camp, Campement, Camper
102	**Can**	Bidon, Boîte, Pouvoir
103	**Capital**	Capital, Capitale, Fonds, Chapiteau
104	**Captain**	Capitaine, Chef d'équipe, Être le capitaine de, Commander
105	**Car**	Voiture, Auto
106	**Card**	Carte, Carton
107	**Care**	Souci, Soin, Attention, Se soucier, S'inquiéter
108	**Carry**	Portée, Trajet, Porter, Transporter, Enlever, Remporter, Comporter, Avoir pour conséquent, Faire adopter, Retenir
109	**Case**	Cas, Fait, Cause, Affaire, Réclamation, Caisse, Étui, Boîte, Boîtier, Vitrine, Casse, Encaisser, Envelopper
110	**Cat**	Chat, Chatte
111	**Catch**	Prise, Capture, Cliquet, Loquet, Loqueteau, Attrape, Aubaine, Attraper, Prendre,

		Saisir, Obtenir, Rencontrer, Frapper, Ne pas manquer, Attirer, Surprendre, Comprendre, Prendre, S'engager
112	**Caught**	☞ Catch (N°565)
113	**Cause**	Cause, Causer, Faire (faire quelques chose à quelqu'un)
114	**Cell**	Cellule, Elément de pile
115	**Cent**	Cent (1/100 dollar), Sou
116	**Center**	Centre, Central, Du centre, Centriste, Centrer
117	**Century**	Siècle
118	**Certain**	Certain, Sûr
119	**Chair**	Chaise, Fauteuil, Chaire, Présider
120	**Chance**	Chance, Hasard, Occasion, Fortuit, Accidentel
121	**Change**	Changement, Monnaie, Changer, Changer de, Transformer, Échanger
122	**Character**	Caractère, Personnage, Personnalité, Original, Numéro, Symbole
123	**Charge**	Charge, Soin, Garde, Attaque, Prix, Charger, Passer, Débiter, Accuser, Inculper

1000 Words to Speack French

124	**Chart**	Diagramme, Graphique, Porter sur une carte
125	**Check**	Contrôle, Vérification, Frein, Échec, Addition, Bulletin, Contrôler, Vérifier, Freiner, Arrêter
126	**Chick**	Oisillon, Poussin
127	**Chief**	Principal, Premier, En chef, Chef
128	**Child**	Enfant
129	**Children**	Enfants
130	**Choose**	Chosir, Juger bon
131	**Chord**	Corde, Accord (musique)
132	**Circle**	Cercle, Milieu, (En)cercler, Tourner autour de, Tournoyer, Circuler
133	**City**	Ville, Urbain, Municipal
134	**Claim**	Demande, Réclamation, Revendication, Revendiquer, Réclamer, Demander
135	**Class**	Classe, Année (à l'université), Classer, Ranger par classe
136	**Clean**	Propre, Net, Tout à fait, Absolument, Nettoyer, Balayer
137	**Clear**	Clair, Net, Libre, Dégagé, Débarrassé, Nettement,

		Distinctement, Complètement, Éclaircir, Nettoyer, Déblayer, Écarter, Dégager, Acquitter, Innocenter, Sortir de, Quitter, S'éloigner de, (Faire) évacuer, Franchir, Sauter
138	**Climb**	Monter, Grimper
139	**Clock**	Horloge, Pendule
140	**Close**	Proche, (Tout) près, Bien fermé, Clos, Avare, Étroit, Exclusif, Serré, Soutenu, Minutieux, Impénétrable, Intime, Fidèle, Conclusion, Fin, Fermer, Barrer, Terminer, Arrêter
141	**Clothe**	Habiller, Vêtir, Revêtir
142	**Cloud**	Nuage, (Se) couvrir, (S')assombrir
143	**Coast**	Côte, Rivage, Suivre la côte, Descendre
144	**Coat**	Manteau, Veston, Enduire, Revêtir
145	**Cold**	Froid, Rhume
146	**Collect**	Assembler, Amasser, Collectionner, Ramasser, Aller chercher, Lever, Percevoir, Encaisser, S'assembler
147	**Colony**	Colonie
148	**Color**	Couleur,

		Colorer, Colorier, Peindre, Fausser, Présenter sous un faux jour
149	**Column**	Colonne
150	**Come**	Venir, Arriver
151	**Common**	Commun, Courant, Ordinaire, Vulgaire
152	**Company**	Compagnie
153	**Compare**	Comparer, Être comparable
154	**Complete**	Complet, Entier, Total, Compléter, Achever, Remplir
155	**Condition**	Condition, Déterminer, Conditionner
156	**Connect**	(Se) (re)lier, (Se) joindre, (Inter)connecter, Brancher
157	**Consider**	Considérer, Estimer, Prendre en considération, Réfléchir à
158	**Consonant**	Harmonieux, Consonant, Conforme à
159	**Contain**	Contenir, Maîtriser
160	**Continent**	Continent, Chaste
161	**Continue**	Continuer
162	**Control**	Contrôle, Autorité, Maîtrise, Diriger, Régler, Maîtriser, Contrôler
163	**Cook**	Cuisinier, Cuire, Cuisiner

164	Cool	Frais, Froid, Tiède, Frais, (Se) rafraîchir
165	Copy	Copie, Reproduction, Exemplaire, Numéro, Manuscrit, Double, Matière à reportage, Copier, Reproduire
166	Corn	Grain, Blé, Maïs, Saler
167	Corner	Coin, Tournant, Virage, Dilemme, Acculer, Coincer, Accaparer
168	Correct	Correct, Juste, Exact, Corriger, Rectifier
169	Cost	Coût, Frais, Dépens, Coûter
170	Cotton	Coton, De coton
171	Could	☞ Can (N°36)
172	Count	Compte, Dénombrer
173	Country	Pays, Région, Patrie, Campagne, Campagnard, De campagne
174	Course	Cours, Route, Courant, Trajet, Plat, Chemin, Piste, Terrain, Champ de course, Parcours, (Faire) Courir, Courir, Couler
175	Cover	Couverture, Tapis, Couvercle, Abri, Enveloppe, Voile, Couvert, Couvrir, Revêtir, Recouvrir, Parcourir
176	Cow	Vache, Intimider, Dompter

177	**Crease**	Pli, (Se) plisser, (Se) froisser
178	**Create**	Créer, Faire
179	**Crop**	Récolte, Moisson, Cueillette, Coupe, Tondre, Couper, Brouter
180	**Cross**	Croix, Croisement, Croisé, Mise en travers, Oblique, Contraire, Maussade, Croiser, Traverser, Passer, Franchir, Barrer, Contrarier
181	**Crowd**	Foule, Remplir, Entasser, Se presser, S'attrouper
182	**Cry**	Cri, Plainte, Crier, S'écrier, Pleurer
183	**Current**	Actuel, Du moment, En cours, Courant (d'eau, électrique), Tendance
184	**Cut**	Coupure, Coupe, Réduction, Restriction, Morceau, Tranche, Coupe, Gravure, Couper, Tailler, Trancher, Hacher, Réduire, Manquer exprès à
185	**Daddy**	Papa
186	**Dance**	Danse, Danser
187	**Danger**	Danger, Risque

188	**Dark**	Sombre, Obscur, Foncé, Obscurité, Nuit, Noir
189	**Day**	Jour, Journée
190	**Dead**	Mort, De mort, Engourdi, Terne, Aveugle, Sourd (à), Sans courant (électricité), Absoluement, Complètement
191	**Deal**	Marché, Quantité, Beaucoup, Distribuer, commercer avec, Faire du commerce avec
192	**Dear**	Cher, Coûteux
193	**Death**	Mort, Décès
194	**Decide**	Décider, Se décider
195	**Decimal**	Décimal
196	**Deep**	Profond, Grave, Foncé, Malin
197	**Degree**	Degré, Grade, Rang
198	**Depend**	Dépendre de, Se trouver à la charge de, Compter sur, Se fier à
199	**Describe**	Décrire
200	**Desert**	Désert, Désertique, Déserter, Abandonner
201	**Design**	Dessin, Projet, Dessin, Conception, Plan, Modèle, Design, Esthétique industrielle, Projeter, Concevoir, Créer, Dessiner

202	**Determine**	Déterminer, Décider, Résoudre, Se décider
203	**Develop**	Développer, Manifester, Exploiter, Contracter, Mettre à jour, Se révéler
204	**Dictionary**	Dictionnaire
205	**Did**	☞ Do (N°52)
206	**Die**	Dé, Mourir, Brûler
207	**Differ**	Différer, Etre différent, Ne pas s'accorder, Ne pas être d'accord
208	**Difficult**	Difficile, Délicat
209	**Direct**	Direct, Tout droit, Diriger, Adresser, Ordonner, Indiquer
210	**Discuss**	Discuter
211	**Distant**	Eloigné, lointain, Distant, Réservé
212	**Divide**	Diviser, Partager, Répartir, Se diviser
213	**Division**	Division, Partage, Classe
214	**Do**	Faire, Cuire, Finir, Jouer
215	**Doctor**	Docteur, Médecin
216	**Does**	☞ Do (N°52)
217	**Dog**	Chien, Chienne
218	**Dollar**	Dollar
219	**Done**	Fait, Cuit, Epuisé, Claqué, A plat
220	**Don't**	☞ Do (N°52)
221	**Door**	Porte, Portière
222	**Double**	Double, A deux personnes, Deux fois

		autant, Doubler, Serrer, Plier en deux
223	**Down**	Vers le bas, En bas, D'en haut, Par terre, Vers le bas de, En bas de, Au fond de, Le long de, En descendant, Déprimé, En pleine déprime, Abattre, Terrasser
224	**Draw**	Tirage, Loterie, Partie nulle, Attraction Tirer, Attirer, Tracer, Dessiner, Retirer, Toucher, Arracher, Aspirer, Infuser
225	**Dream**	Rêve, Songe, Rêver de
226	**Dress**	Robe, Costume, Habillement, Habits, (S')habiller
227	**Drink**	Boisson, Boire
228	**Drive**	Promenade, Voyage, Trajet, Allée, Energie, Entrain, Dynamisme, Campagne, Efforts, Traction, Transmission, Conduire, Aller en voiture
229	**Drop**	Goutte, Baisse, Chute, Descente, Brusque, À pic, Dénivellation, Bonbon, Pendeloque, Lâcher, laisser tomber, Mouiller, Lancer, Mettre à la poste,

		Laisser, Laisser échapper, Baisser, Supprimer, Perdre
230	**Dry**	Sec, Aride, Caustique, Sécher, Faire sécher, Essuyer, Tarir
231	**Duck**	Canard, Cane, Baisser, Esquiver, Se dérober à
232	**During**	Pendant
233	**Each**	Chaque, Chacun(e)
234	**Ear**	Oreille, Epi
235	**Early**	Matinal, Premier, Précoce, De bonne heure, Tôt
236	**Earth**	Terre, Contact, Relier à la terre
237	**Ease**	Repos, Bien-être, Aise, Tranquillité, Aisance, Adoucir, Soulager, Calmer, (Re)lâcher, Diminuer
238	**East**	Est, D'est, De l'est, A ou vers l'est
239	**Eat**	Manger, Consommer, Dévorer, Déjeuner
240	**Edge**	Bord, Tranchant, Lisière, Border, (Se) faufiler, (Se) glisser
241	**Effect**	Effet, Action, Vigueur, Sens, Effectuer, Opérer, Réaliser
242	**Egg**	Oeuf, Pousser, Inciter
243	**Eight**	Huit

244	**Either**	Chaque, L'un et l'autre de, L'un ou l'autre de
245	**Electric**	Electrique, Electrisant
246	**Element**	Elément
247	**Else**	Autrement, Autre, Encore
248	**End**	Fin, Bout, Terminer, Finir, Se terminer
249	**Enemy**	Ennemi(e)
250	**Energy**	Energie
251	**Engine**	Machine, Moteur
252	**Enough**	Assez, Suffisamment
253	**Enter**	Entrer dans, Pénétrer, Monter dans
254	**Equal**	Egal, Egaler
255	**Equate**	Mettre sur le même pied, Comparer
256	**Especially**	Particulièrement, Surtout, Exprès
257	**Even**	Uni, Plat, Uniforme, Régulier, Égal, Pair, Même, Encore, Seulement
258	**Evening**	Soir, Soirée
259	**Event**	Evénement, Cas, Épreuve
260	**Ever**	Jamais, Toujours
261	**Every**	Chaque, Tous, Chacun
262	**Exact**	Exact, Précis, Juste, Exiger, Extorquer, Réclamer
263	**Example**	Exemple
264	**Except**	Excepté, A l'exception de, Sauf, À moins que, Excepter
265	**Excite**	Exciter

266	**Exercise**	Exercice, Exercer, User de, Faire preuve de, Tracasser, Faire l'exercice
267	**Expect**	S'attendre à, Escompter, Exiger, Attendre, Penser, Croire, Songer à
268	**Experience**	Expérience, Connaître
269	**Experiment**	Expérience, Faire des expériences
270	**Eye**	Oeil, Trou, Regarder, Examiner, Mesurer des yeux
271	**Face**	Visage, Figure, Face, Air, Mine, Cadran, Endroit, Affronter, Braver, Donner sur, Envisager, Revêtir, Faire face à
272	**Fact**	Fait, Vérité
273	**Fair**	Foire, Beau, Juste, Blond, Assez bon, Loyalement, Franc jeu
274	**Fall**	Chute, Baisse, Tombée, Automne, Tomber, Baisser, Devenir, S'effondrer, Descendre, Se projeter
275	**Family**	Famille, De famille, Familial
276	**Famous**	Célèbre, Illustre
277	**Far**	Loin, Lointain, Eloigné
278	**Farm**	Ferme, Cultiver,

		Cultiver la terre, Exploiter
279	Fast	Rapide, Ferme, Vite, Jeûner
280	Fat	Gras, Gros, Graisse, (S') engraisser
281	Father	Père, Engendrer, Créer
282	Favor	Faveur, Bonté
283	Fear	Peur, Crainte
284	Feed	Alimentation, Nourriture, Nourrir, Donner à manger
285	Feel	Toucher (le), Sensation, Sentir, Tâter, Ressentir, Éprouver, Penser, Sembler
286	Feet	Pieds (☞ Foot N°466)
287	Fell	Abattre, Assommer ☞ Fall (N°407)
288	Felt	Feutre, ☞ Feel (N°312)
289	Few	Peu de, Quelques
290	Field	Champ, Terrain, Domaine, Marché
291	Fig	Figue, Figuier
292	Fight	Combat, Lutte, Bagarre, Se battre avec, Combattre, Lutter contre, Se défendre contre
293	Figure	Figure, Forme, Silhouette, Chiffre, Se figurer, Figurer, Supposer, Penser

294	**Fill**	Remplir, plomber, Occuper, Satisfaire, Exécuter
295	**Final**	Final, Dernier, Définitif
296	**Find**	Trouvaille, Découverte, Trouver, Retrouver, Découvrir, Déclarer, Fournir
297	**Fine**	Bon, Beau, Joli, Fin, Petit, Finement, Bien, Admirablement, Amende, Contravention, Mettre à l'amende, Donner une contravention à, Frapper d'une amende
298	**Finger**	Doigt, Manier, Toucher, Tripoter
299	**Finish**	Fin, Finition, Arrivée, Finir, Terminer, Achever, Usiner
300	**Fire**	Feu, Incendie, Tir, Ardeur, Mettre le feu à, Tirer (mil)
301	**First**	Premier, D'abord, Pour la première fois
302	**Fish**	Poisson, Type, Pêcher, Aller à la pêche
303	**Fit**	Coupe, Ajustement, Bon, Propre, Convenable, En bonne forme, En bonne santé, Capable, Prêt, Adapter,

		Installer, Accommoder, Poser, Aller à, Pourvoir, S'accorder avec, Assembler, Emboîter
304	**Five**	Cinq
305	**Flat**	Plat, A plat, A plat ventre, Fade, Éventé, Monotone, Net, Catégorique, Pays plat, Plaine, Appartement, Pneu crevé
306	**Floor**	Sol, Plancher, Etage, Planchéier, Terrasser, Consterner, Atterrer
307	**Flow**	Courant, Cours, Passage, Écoulement, Flux, Couler, Circuler, Flotter, S'écouler, Monter
308	**Flower**	Fleur, Fleurir
309	**Fly**	Mouche, Braguette, Voler, Voyager en avion, Flotter, Passer rapidement,
310	**Follow**	Suivre, Donner suite à
311	**Food**	Nourriture, Aliment(s)
312	**Foot**	Pied, Patte, Bas
313	**For**	Pour, De, Par, Pendant, Depuis, Il y a, Jusqu'(à), Malgré, Vers, Car
314	**Force**	Force, Forcer, Contraindre, Obliger, Imposer
315	**Forest**	Forêt, Boiser

316	**Form**	Forme, Taille, Formule, Bulletin, Classe, Banc, Former, Faire, Contracter, Se former
317	**Forward**	Avant, De devant, D'avant, Avancer, Expédier
318	**Found**	Fonder, Etablir, Fondre
319	**Four**	Quatre
320	**Fraction**	Fraction
321	**Free**	Libre, En liberté, Franc, Gratuit, Débarrassé, Dégagé, Généreux, Libéré, Dégager, Débarrasser, Exempter, Libérer
322	**Fresh**	Frais, Récent, Nouveau
323	**Friend**	Ami(e), Connaissance
324	**From**	De, Depuis, A partir de, Suite de, De la part de
325	**Front**	Devant, Avant, Premier rang, Façade, Front, Prête-nom, Antérieur, De devant, Faire face à, Donner sur
326	**Fruit**	Fruit, Porter ses fruits
327	**Full**	Plein, Rempli, Entier, Complet, Comble, A part entière, Tout à fait, En plein, Précisément, Parfaitement, Bien
328	**Fun**	Amusement, Plaisanterie, Rigolade
329	**Game**	Jeu, Partie, Gibier, Brave

330	**Garden**	Jardin, Jardiner
331	**Gas**	Gaz, Bavardage, Asphyxier Gazer (militaire)
332	**Gather**	Recueillir, Cueillir, Rassembler, Ramasser, Récolter
333	**General**	Général, Général (militaire)
334	**Gentle**	Doux, Modéré, léger, Noble
335	**Get**	Obtenir, Gagner, Prendre, Se faire, Recevoir, Aller chercher, Attraper, Faire, Devenir, Se faire, Aller, Se rendre, En arriver à
336	**Girl**	Fille
337	**Give**	Donner, Remettre, Causer, Pousser, Présenter, Porter, Vouer, Consacrer
338	**Give**	Donner, Remettre, Causer, Pousser, Présenter, Porter, Céder
339	**Glad**	Content, Ravi, Heureux
340	**Glass**	Verre, Lunettes, De (ou) en verre, Vitrer
341	**Go**	Coup, Essai, Energie, Entrain, Dernier cri, Aller, Marcher, Sonner, Partir, S'en aller, Devenir, S'étendre

342	**Gold**	Or, D'or
343	**Gone**	Parti, Disparu, Mort, Dingue
344	**Good**	Bon, Sage, Bien
345	**Got**	☞ Get (N°106)
346	**Govern**	Gouverner, Régir
347	**Grand**	Magnifique, Grand, Noble, Piano à queue, Mille dollars
348	**Grass**	Herbe, Pâture, Gazon
349	**Great**	Grand, Important, Magnifique
350	**Green**	Vert, Inexpérimenté, Jeune, Naïf, Frais, Vert, Gazon, Pelouse
351	**Grey**	Gris, Sombre, Grisonner
352	**Ground**	Sol, Terre, Terrain, Raison, Motif, Fond, Fonder
353	**Group**	Groupe, (Se) grouper
354	**Grow**	Pousser, Croître, Grandir, Augmenter
355	**Grow**	Pousser, Croître, Grandir, Augementer
356	**Guess**	Conjecture, Deviner, Supposer, Penser, Croire, Deviner, Estimer
357	**Guide**	Guide, Guider, Conduire, Diriger
358	**Gun**	Arme à feu, Revolver, Fusil
359	**Had**	☞ Have (N°24)
360	**Hair**	Cheveu, Poil

361	**Half**	Demi, A moitié, A demi, Moitié, Partager
362	**Hand**	Main, Aiguille, Ouvrier, Jeu, Paume, Écriture, Indicateur, Passer
363	**Happen**	Arriver, Se passer, Se produire
364	**Happy**	Heureux, Content, Satisfait
365	**Hard**	Dur, Sévère, Fort, Rigoureux, Pénible, Cruel, Difficile, Incorrigible, Fort, Dur, Durement, De toutes ses forces
366	**Has**	☞ Have (N°24)
367	**Hat**	Chapeau
368	**Have**	Avoir, Prendre, Faire
369	**He**	Il, Lui, Celui, Mâle
370	**Head**	Tête, Capot (automobile), Chevet, Haut bout, Source, Chef, Directeur, Patron, Face, Premier, Principal, … en chef, Mener, Être en tête de, Être à la tête de, Conduire, Jouer de la tête (football)
371	**Hear**	Entendre, Écouter
372	**Heard**	☞ Hear (N°292)
373	**Heart**	Coeur
374	**Heat**	Chaleur, Ardeur, Épreuve (Sport), (S')échauffer, Chauffer

375	**Heavy**	Lourd, Pesant, Gros, Violent, Grand, Dense
376	**Held**	☞ Hold (N°362)
377	**Help**	Aide, Secours, Remède, Aide, Aider, Secourir, Faciliter, Servir
378	**Her**	Lui, A elle, Se, Soi, Celle, Son, Sa, Ses
379	**Here**	Ici, Là, Voici
380	**High**	Haut, Elevé, Fort, Grand, Avancé, Plafond, Pointe, De haute pression, En haut,
381	**Hill**	Colline, Côte
382	**Him**	Le, Lui, Se, Soi, Celui
383	**His**	Son, Sa, Ses, Le sien, La sienne, Les siens, Les siennes, A lui
384	**History**	Histoire
385	**Hit**	Coup, Touche, Succès, Coup réussi, Succès, Frapper, Heurter, Atteindre, Porter, Trouver, Arriver à
386	**Hold**	Prise, Influence, Empire, Tenir, Retenir, Maintenir, Détenir, Avoir, Posséder, Juger, Estimer, Professer, Arrêter, Célébrer
387	**Hole**	Trou, Trouer, Faire un trou dans
388	**Home**	Maison, Foyer, Chez-soi, Patrie,

		Domestique, Intérieur, À la maison
389	**Hope**	Espoir, Espérance, Espérer
390	**Horse**	Cheval
391	**Hot**	Chaud, Brûlant, Violent, Piquant, Fort
392	**Hour**	Heure
393	**House**	Maison, Parlement, Salle, Loger, Héberger, Habiter
394	**How**	Comment, Combien
395	**Huge**	Immense, Enorme
396	**Human**	Humain
397	**Hundred**	Cent, Centaine
398	**Hunt**	Chasse, Chasser, Chercher, Rechercher
399	**Hurry**	Hâte, Précipitation, Hâter, Presser
400	**I**	Je, Moi
401	**Ice**	Glace, Rafraîchir, (Se) Geler, Givrer
402	**Idea**	Idée, Intention
403	**If**	Si
404	**Imagine**	Imaginer, S'imaginer, Supposer, Se figurer
405	**In**	Dans, En, De, Par, Sous, Chez, Pendant, Comme, Dedans, Au-dedans
406	**Inch**	Pouce, Pas, Petit à petit, Aller
407	**Include**	Inclure, Comporter, Comprendre
408	**Indicate**	Indiquer
409	**Industry**	Industrie

410	**Insect**	Insecte
411	**Instant**	Instant, Moment, Instantané, Urgent
412	**Instrument**	Instrument
413	**Interest**	Intérêt, Intéresser
414	**Invent**	Inventer
415	**Iron**	Fer, De fer, En fer, Repasser
416	**Is**	☞ Be (n°21)
417	**Island**	Ile, Refuge
418	**It**	Il, Lui, Elle, Ce, Cela, Le, La, Quelque chose
419	**Job**	Tâche, Travail, Boulot, Place, Emploi
420	**Join**	Joint, Joindre, Rejoindre, Retrouver, Se joindre à, S'inscrire à, Adhérer à, Devenir membre de, S'unir, Se (re)joindre
421	**Joy**	Joie
422	**Jump**	Saut, Bond, Sursaut, Sauter, Bondir, Sursauter
423	**Just**	Juste, Précisément, Absolument, Tout à fait, Seulement
424	**Keep**	Subsistance, Tenir, Garder, Maintenir, Contenir, Préserver, Retenir, Suivre, Célébrer, Cacher, Rester, Se conserver, Continuer
425	**Kept**	☞ Keep (N°221)

426	**Key**	Clé, Clef, Touche, Ton, Accorder (Musique)
427	**Kill**	Tuer, Supprimer, Faire échouer
428	**Kind**	Bon, Aimable, Espèce, Sorte, Genre, Nature
429	**King**	Roi
430	**Knew**	☞ Know (N°89)
431	**Know**	Savoir, Connaître, Reconnaître
432	**Lady**	Calme, Lady
433	**Lake**	Lac, Laque (peinture)
434	**Land**	Pays, Terre, Sol, Terrain, Propriété foncière, Débarquer, Atterrir, (Re)tomber, Amener à terre, Décrocher
435	**Language**	Langue, Langage
436	**Large**	Grand, Gros, Nombreux, Large
437	**Last**	Dernier, Dernière fois, Le dernier, Durer
438	**Late**	En retard, Retardé, Tard, Tardif, Avancé, Ex-…, Récent
439	**Laugh**	Rire, Se moquer
440	**Law**	Loi, Droit
441	**Lay**	Coucher, Abattre, Mettre, Parier, Pondre, Poser
442	**Lead**	Plomb, Mine, Tête, Avance, Piste, Premier rôle, Câble, Laisse,

		Article de tête, Mener, Amener, Induire, Guider, Être à la tête de
443	**Learn**	Apprendre
444	**Least**	Le moindre, Le plus petit, (Le) moins
445	**Leave**	Permission, Laisser, Abandonner, Léguer, Quitter, Sortir de
446	**Led**	☞ Lead (N° 408)
447	**Left**	Gauche, A gauche
448	**Leg**	Jambe, Patte, Pied, Gigot, Cuisse, Branche, Étape
449	**Length**	Longueur, Morceau, Pièce, Durée
450	**Less**	Moins, Moins de, Sans
451	**Let**	Laisser, Faire, Louer
452	**Letter**	Lettre, Caractère
453	**Level**	Plat, Plan, Ras Niveau, Terrain, Surface, Niveler, Égaliser, Pointer
454	**Lie**	Mensonge, Mentir, Démentir, Être étendu, Être allongé, Être, Se trouver, Reposer, S'étendre, S'allonger, Se coucher
455	**Life**	Vie, Emprisonnement perpétuel
456	**Lift**	Haussement, Levée, Lever, Voler

457	**Light**	Lumière, Jour, Lampe, Phare, Feu, Clair, Blond, Léger, Facile, Courant faible
458	**Like**	Pareil, Semblable, Tel, Semblable, Pareil(le), Pour, Aimer, Vouloir, Avoir de la sympathie
459	**Line**	Ligne, Voie, Corde, Fil, Rangée, File, Queue, Colonne, Limite, Articles, Genre, Renseignement, Tuyau, Aligner, Ligner, Régler, Rayer, Border, Doubler
460	**Liquid**	Liquide
461	**List**	Liste, Mettre sur la liste, Faire une liste, Énumérer
462	**Listen**	Ecouter, Se mettre à l'écoute
463	**Little**	Petit, Peu de, Mesquin
464	**Live**	Vivant, Ardent, Sous tension, En direct, Vivre, Se nourrir, Habiter, Mener
465	**Locate**	Repérer, Trouver, Situer
466	**Log**	Bûche, Registre, Journal de bord, Carnet de vol, Journal (informatique), Carnet de route, Enregistrer
467	**Lone**	Solitaire
468	**Long**	Long, Depuis, Longtemps

469	**Look**	Regard, Air, Aspect, Regarder
470	**Lost**	Perdu, Désorienté, Égaré
471	**Lot**	Sort, Destinée, Lot
472	**Loud**	Bruyant, Retentissant, Criard
473	**Love**	Amour, D'amour, Aimer, Affectionner
474	**Low**	Bas, Faible, Grave
475	**Machine**	Machine, A la machine, Façonner à la machine
476	**Made**	☞ Make (N°69)
477	**Magnet**	Aimant
478	**Main**	Principal, Premier, Essentiel, Grand
479	**Major**	Majeur, Le plus grand, Commandant
480	**Make**	Fabrication, Façon, Taille, Marque, Faire, Construire, Fabriquer, Confectionner, Fixer, Établir, Conclure
481	**Man**	Homme, Mari, Pièce, Pion, D'homme(s), Fournir du personnel pour
482	**Many**	Beaucoup de, Bien des, Un grand nombre
483	**Map**	Carte, Plan, Dresser une carte
484	**Mark**	Marque, But, Cible, Signe, Note, Point, Ligne de départ, Marquer, Tâcher, Noter
485	**Market**	Marché, Créneau,

		Lancer sur le marché, Trouver des débouchés sur le marché, Vendre
486	**Mass**	Messe, Masse, Se masser
487	**Master**	Maître, Patron, Chef, Maîtriser, Apprendre
488	**Match**	Allumette, Egal, Pareil, Match (de sport), Valoir, Aller avec, S'assortir à, Être assorti à, Égaler
489	**Material**	Matériel, Essentiel, Matière, Tissu
490	**Matter**	Matière, Substance, Sujet, Chose, Affaire, Importer, Avoir de l'importance
491	**May**	Mai (mois), (Verbe modal pour exprimer une possibilité)
492	**Me**	Moi, Me
493	**Mean**	Moyen, Milieu, Moyen terme, Moyenne, Avoir l'intention, Vouloir, Se proposer, Vouloir dire, Entendre (par), Destiner (pour)
494	**Meant**	☞ Mean (N°142)
495	**Measure**	Mesure, Règle, Mètre Mesurer, Métrer
496	**Meat**	Viande
497	**Meet**	Rencontre, Tomber sur, Faire la connaissance

1000 Words to Speack French

		de, Rejoindre, Retrouver, Croiser, Rencontrer
498	**Melody**	Mélodie
499	**Men**	Hommes, (Le) genre humain, (L')humanité
500	**Metal**	Métal, Empierrer
501	**Method**	Méthode
502	**Middle**	Milieu, Taille, Du milieu, Moyen, Intermédiaire
503	**Might**	Puissance, Force (Verbe modal pour exprimer la possibilité)
504	**Mile**	Mille
505	**Milk**	Lait, Taire, Dépouiller
506	**Million**	Million
507	**Mind**	Esprit, Idée, Avis, Faire attention à, S'occuper de, Ne pas manquer
508	**Mine**	Le mien, La mienne, Les miens, Les miennes, À moi, Mine, Miner
509	**Minute**	Minute, Tout petit, Minuscule, Détaillé
510	**Miss**	Mademoiselle, Coup manqué, Coup raté, Faillir, Manquer, Rater, Ne pas trouver, Ne pas saisir, Se tromper de, Ne pas avoir, Remarquer / Regretter l'absence de

511	**Mix**	(Se) mélanger, (Se) mêler
512	**Modern**	Moderne
513	**Molecule**	Molécule
514	**Moment**	Moment, Instant, Importance
515	**Money**	Argent, Sous, Monnaie
516	**Month**	Mois
517	**Moon**	Lune
518	**More**	Plus de, Davantage de, Plus, Davantage
519	**Morning**	Matin, Matinée, Du matin, Matinal
520	**Most**	Le plus de, La plupart de, Le plus, Très, Fort, Bien, Le plus, La plupart
521	**Mother**	Mère, Materner Chouchouter, Dorloter
522	**Motion**	Mouvement, Marche, Geste, Motion, Faire signe (à)
523	**Mount**	Montagne, Monture, Monter
524	**Mountain**	Montagne, Des montagnes, Montagneux
525	**Mouth**	Bouche, Gueule, Emboucher, Goulot, Entrée
526	**Move**	Mouvement, Déménagement, Coup, Démarche, Déplacer, Bouger, Remuer, Émouvoir, Proposer, Mouvoir, Se déplacer,

		Circuler, S'avancer, Déménager, Marcher
527	**Much**	Beaucoup, Beaucoup de, Bien fort
528	**Multiply**	(Se) multiplier
529	**Music**	Musique
530	**Must**	Devoir, Il faut, (La) chose obligatoire, (L') impératif,
531	**My**	Mon, Ma, Mes
532	**Name**	Nom, Réputation, Nommer, Dénommer, Citer, Fixer
533	**Nation**	Nation
534	**Natural**	Naturel, Inné, Vraie
535	**Nature**	Nature
536	**Near**	Proche, Voisin, Court, Près, Près de, S'approcher de
537	**Necessary**	Nécessaire, Indisepensable, Inévitable, Inéluctable
538	**Neck**	Cou, Collet, Goulot, Encolure, Se peloter
539	**Need**	Besoin, Indigence, Avoir besoin de, demander, Être obligé de
540	**Neighbor**	Voisin(e)
541	**Never**	Jamais, Ne …jamais
542	**New**	Nouveau, Neuf, Frais
543	**Next**	Prochain, Voisin, Le plus proche, Suivant, Ensuite, Après
544	**Night**	Nuit, Soir, Obscurité
545	**Nine**	Neuf

546	**No**	Aucun, Pas de, Peu, Non, Pas
547	**Noise**	Bruit
548	**Noon**	Midi
549	**Nor**	Ni…, Ne…pas non plus
550	**North**	Nord
551	**Nose**	Nez, Flair, Sentir, Flairer
552	**Note**	Note, Billet, Mot
553	**Nothing**	Rien, Rien de
554	**Notice**	Avis, Affiche, Écriteau, Annonce, Notice, Attention, Congé, Démission, Remarquer, Observer, S'apercevoir de
555	**Noun**	Nom (grammaire), Substantif
556	**Now**	Maintenant, Alors
557	**Number**	Nombre, Chiffre, Numéro, Numéroter, Compter
558	**Numeral**	Numéral, Chiffre
559	**Object**	Objet, But, Complément, Objecter
560	**Observe**	Observer, Faire observer
561	**Occur**	Se produire, Se trouver
562	**Ocean**	Océan, Mer
563	**Of**	De, En, Parmi, (D')entre
564	**Off**	Détaché, Au large de, De dehors, Extérieur, Droit, Latéral

565	**Offer**	Offre, Offrir, Présenter, Proposer, S'offrir
566	**Office**	Bureau, Ministère, Fonction, Charge
567	**Often**	Souvent, Fréquemment
568	**Oil**	Huile, Pétrole, Mazout, Huiler, Graisser
569	**Old**	Vieux, Âgé, Ancien, De jadis
570	**On**	Sur, À, En, Après, De, Dans, Avant
571	**Once**	Une fois, Une (seule) fois, Autrefois, Jadis, Dès que, Une fois (que)
572	**One**	Un, Unique, Seul, Celui,
573	**Only**	Seul, Unique, Seulement, Ne …que, Rien que, Mais
574	**Open**	Ouvert, Plein, Grand, Dégagé, Nu, Haut, Non résolu, Discutable, Manifeste, Déclaré, Franc, Doux, Découvert, Ouvrir, S'ouvrir, S'étendre, Manifester, Commencer
575	**Operate**	Faire marcher, Faire fonctionner, Diriger, Gérer, Exploiter,

		Marcher, Fonctionner, Faire effet
576	**Opposite**	Opposé, Contraire, (D')en face, En face, Vis-à-vis
577	**Or**	Ou, Ou...ou, Soit...soit,
578	**Order**	Ordre, Commande, Ordonnance, Mandat, Mettre en ordre, Régler, Ordonner, Prescrire
579	**Organ**	Organe, Orgue
580	**Original**	Original, Originel
581	**Other**	Autre
582	**Our**	Notre, Nos
583	**Out**	Dehors, Au clair, Excuse, Exceptionnel, Flanquer dehors
584	**Over**	Par-dessus, En plus, Fini, Trop, Sur-, Trop, Excès de, Sur, Au-dessous de, Au-delà de
585	**Own**	Propre, à moi (toi...), Posséder
586	**Oxygen**	Oxygène
587	**Page**	Page, Paginer
588	**Paint**	Peinture, Peindre, Faire de la peinture
589	**Pair**	Paire, Couple, (S')apparier
590	**Paper**	Papier, Journal,

		Papier peint, Epreuve écrite, Article exposé, De papier, En papier, En carton, Tapisser
591	**Paragraph**	Paragraphe, Ailéna
592	**Parent**	Père, Mère, Proches
593	**Part**	Partie, Part, Pièce, En partie, Mi-, Moitié, Séparer, Se diviser, Se quitter, Se séparer
594	**Particular**	Particulier, Spécial, Détaillé, Détail, Point
595	**Party**	Parti, Soirée, Fête, Parti, Groupe, Équipe, Détachement, Complice, Individu
596	**Pass**	Défilé, Mention, Passer, Disparaître, S'écouler, Passer devant, Dépasser
597	**Past**	Passé, Ancien, Au-delà de, Plus de
598	**Path**	Chemin, Sentier, Trajectoire, Chemin, Route
599	**Pattern**	Modèle, Dessin, Motif, Patron, Échantillon, Modeler
600	**Pay**	Salaire, Paie, Gages, Solde, Payer, Régler, Présenter
601	**People**	Gens, Peuple, Monde, Nation
602	**Perhaps**	Peut-être
603	**Period**	Période, Epoque,

		Leçon, Point, Règles (cycle menstruel)
604	**Person**	Personne, Personnage
605	**Phrase**	Locution, Expression, Exprimer, Rédiger, Phraser
606	**Pick**	Choix, Le meilleur, Pic, Pioche, Cueillir, Choisir, Enlever, Ronger, Se curer une dents
607	**Picture**	Image, Tableau, Peinture, Dépeindre, (Se) présenter, (Se) figurer
608	**Piece**	Pièce, Coin, Morceau, Recommander
609	**Pitch**	Lancement, Lancer
610	**Place**	Lieu, Endroit, Place, Rang, Emploi, Placer, (Re)mettre
611	**Plain**	Evident, Clair, Simple, Ordinaire, Pur, Carré, Franc, Clairement, Complètement, Plaine
612	**Plan**	Plan, Projet, Tracer le plan de, Organiser, Projeter
613	**Plane**	Avion, Uni, Plat, Egal, Planer, Aplanir
614	**Planet**	Planète
615	**Plant**	Plante, Usine, Matériel, Installation, Planter, Installer, (Dé)poser
616	**Play**	Jeu, Pièce de théâtre, Jouer, Jouer contre

617	**Please**	Plaire, Etre agréable, Plaire à
618	**Plural**	Pluriel
619	**Poem**	Poème
620	**Point**	Point, Pointe, Question, Sujet, Moment, Marquer des points, Indiquer, Signaler
621	**Poor**	Pauvre, Médiocre, Mauvais, Faible
622	**Populate**	Peupler
623	**Port**	Port, Sabord, Bâbord, Porto (vin)
624	**Pose**	Pose, Se poser, Se faire passer, Poser, Créer, Présenter
625	**Position**	Position, Situation, Place, Emploi, Attitude, Placer, Mettre en place
626	**Possible**	Possible
627	**Post**	Poteau, Poste, Situation, Courrier, Afficher, Poster, Mettre en fonction, Poster, Mettre à la poste, Envoyer par la poste
628	**Pound**	Mesure de poids, Broyer
629	**Power**	Pouvoir, Puissance, Force, Courant (Électricité), À haute tension, À moteur

630	**Practice**	Pratique, Exercice, Entraînement, Clientèle, Pratiquer
631	**Prepare**	Préparer, Se preparer
632	**Present**	Présent, Actuel, Courant, Cadeau, Présenter, Remettre
633	**Press**	Presse, Pressoir, Imprimerie, Presser, Appuyer sur, Faire pression sur, De presse, Poursuivre, Repasser, Donner un coup de fer à, Forcer, Insister sur, Talonner, Serrer
634	**Pretty**	Joli, Assez
635	**Print**	Empreinte, Imprimé, Imprimer
636	**Probable**	Probable, Sans doute
637	**Problem**	Problème, Tracas, Souci
638	**Process**	Processus, Procédé, Méthode, Procès, Traiter
639	**Produce**	Produits, Produire, Causer, Présenter, Montrer, Mettre en scène
640	**Product**	Produit
641	**Prohibit**	Prohiber, Interdire
642	**Proper**	Adéquat, Bon, Vrai
643	**Property**	Propriété, Biens, Immeubles
644	**Protect**	Protéger

1000 Words to Speack French

645	**Prove**	Prouver, Se révéler, S'avérer, Se montrer
646	**Provide**	Pourvoir, Munir, Fournir, Stipuler
647	**Pull**	Traction, Attraction, Tirer, Arracher, Ramer
648	**Push**	Poussée, Impulsion, Coup, Pousser, Bousculer, Appuyer sur
649	**Put**	Mettre, Poser, Placer, Exprimer, Dire
650	**Quarter**	Quart, Quartier, Pièce, Trimestre
651	**Question**	Question, Doute, Interroger, Mettre en question
652	**Quick**	Rapide, Prompt, Vif, Chaire vivante
653	**Quiet**	Tranquille, Calme, Silencieux, Discret, Tranquillité, Calme, (Se) calmer
654	**Quite**	Tout à fait, Entièrement, Parfaitement, Très bien
655	**Quotient**	Quotient
656	**Race**	Race, Course, Faire la course, Courir, Filer, Emballer, Faire la course avec, Faire courir
657	**Radio**	Radio, Envoyer par radio, Appeler par radio
658	**Rail**	Barre, Parapet, Palissade, Grille, Rail,

		Chemin de fer, Entourer d'une grille, Crier, Se répandre en invectives
659	**Rain**	Pluie, Pleuvoir, Faire pleuvoir
660	**Raise**	Augmentation, Lever, Relever, Soulever, Élever
661	**Ran**	☞ Run (N°241)
662	**Range**	Rangée, Chaîne, Assortiment, Choix, Échelle, Gamme, Série, Portée, Étendue, Rayon, Aligner, Ranger, Placer, Disposer, Parcourir, Courir, S'étendre
663	**Rather**	Plutôt, Quelque peu, Un peu, Assez
664	**Reach**	Portée, Atteinte, Etendue, Arriver, S'étendre
665	**Read**	Lecture, Lire, Etudier, Interpréter
666	**Ready**	Prêt, Sous la main, Disponible, Facile, Prompt, Comptant
667	**Real**	Vrai, Véritable, Réel, Vraiment, Très, Rudement, Vachement
668	**Reason**	Raison, Raisonner
669	**Receive**	Recevoir
670	**Record**	Rapport, Procès-verbal, Récit, Dossier, Registre, Disque, Enregistrer

671	**Red**	Rouge, Roux
672	**Region**	Région, (Dans les « environs » de)
673	**Remember**	Se souvenir de, Se rappeler
674	**Repeat**	Reprise, Répéter, Réitérer
675	**Reply**	Répondre, Réponse
676	**Represent**	Représenter, Signaler
677	**Require**	Demander, Avoir besoin, Nécessiter, Exiger
678	**Rest**	Repos, Arrêt, Pause, Silence, Support, Appui, Reste, Restant, Rester, Demeurer
679	**Result**	Résultat, Résulter, Provenir
680	**Rich**	Riche, Généreux
681	**Ride**	Promenade, Voyage, Course, Trajet, Promener, Voyager
682	**Right**	Droit, Bon, Correct, Juste, Convenable, Approprié, Bien placé, Tout…, Correctement, A droit, Redresser, Corriger
683	**Ring**	Anneau, Bague, Rond, Cercle, Cartel, Arène, Ring (Boxe), Tintement, Son, Accent, Coup de sonnette, Coup de téléphone, Sonner, Tinter,

		Résonner, Baguer, Entourer
684	**Rise**	Montée, Elévation, Hausse, Lever, Crue, Augmentation, Avancement, Source, Monter, Se lever, S'élever, Se soulever
685	**River**	Rivière, Fleuve
686	**Road**	Route, Rue, Chemin, Voie
687	**Rock**	Rocher, Roc, Roche, Pierre, Bercer, Basculer, Osciller, Balancer
688	**Roll**	Rouleau, Liasse, Bobine, Petit pain, Roulement, Liste, Rouler, Laminer, Couler, Gronder
689	**Room**	Pièce, Salle, Chambre, Place, Espace
690	**Root**	Racine, S'enraciner
691	**Rope**	Corde, Cordage, Cordon
692	**Rose**	Rose ☞ Rise (N°726)
693	**Round**	Rond, Circulaire, Autour, Alentour, Autour de, Vers, Environ, Cercle, Tour, Tournée, Salve, (S')arrondir, Contourner
694	**Row**	Rang, Rangée, File, Ligne, Promenade, Vacarme, Chahut,

			Dispute, Réprimande, Ramer, Faire du canotage, Se quereller
695		**Rub**	Frottement, Friction, Coup de torchon, Frotter, Frictionner
696		**Rule**	Règle, Règlement, Gouvernement, Autorité, Gouverner, Régner sur, Commander à, Régler
697		**Run**	Course, Tour, Traversée, Marche, Cours, Suite, Ruée, Petit ruisseau, Échelle, Séquence, Courir, Passer, Couler, Glisser, Aller, Rouler, Marcher, Faire le service, Fonctionner, S'écouler, Couler, Se démailler, Se jouer, Se donner
698		**Safe**	En sécurité, A l'abri, Hors de danger, Sûr, Sans danger, Sans risque, Coffre-fort, Garde-manger
699		**Said**	☞ Say (N°134)
700		**Sail**	Voile, Tour en bateau, Aile, Naviguer, Aller
701		**Salt**	Sel, Salé, Saler
702		**Same (The)**	Le (la) même
703		**Sand**	Sable, De sable, Sablé, Sabler
704		**Save**	Excepté, Sauf, Sauver, Economiser, Épargner,

		Mettre de côté, Gagner, Garder, Sauvegarder, Éviter, Épargner, Faire des économies, Mémoriser, Sauvegarder
705	**Saw**	Adage, Dicton, Scie, Scier
706	**Say**	Mot, Parole, Dire
707	**Scale**	Ecaille, Balance, (S')écailler, Peser, Échelle, Gamme, Escalader
708	**School**	Ecole, Académie, Instruire, Habituer, Discipliner
709	**Science**	Science
710	**Score**	Score, Nombre, Marquer
711	**Sea**	Mer, Océan, Lame, De mer, maritime, Naval
712	**Search**	Recherche, Chercher dans, Fouiller dans
713	**Season**	Saison, Dessécher, Assaisonner
714	**Seat**	Siège, Place, Fond, Asseoir, Placer, Avoir des places assises pour
715	**Second**	Second, Deuxième, En deuxième, En second, Article de deuxième choix, Seconder, Appuyer

716	**Section**	Section, Coupe, Paragraphe, Quartier, Sectionner
717	**See**	Voir, Comprendre, Visiter, Accompagner, Consulter
718	**Seed**	Gain, Pépin, Germe, Ensemencer, Enlever la graine de, Monter en graine
719	**Seem**	Sembler, Paraître
720	**Segment**	Segment, (Se) segmenter
721	**Select**	Choisi, D'élite, Choisir
722	**Self**	De soi, Auto-…, Automatique(ment)
723	**Sell**	Vendre
724	**Send**	Envoyer, Remettre
725	**Sense**	Sentiment, Sensation, Bon sens, Intelligence, Signification, Sentir, Devenir, Pressentir
726	**Sent**	☞ Send (N°838)
727	**Sentence**	Jugement, Condamnation, Peine, Phrase, Condamner
728	**Separate**	Séparé, Détaché, indépendant, Particulier, (Se) séparer
729	**Serve**	Service (Tennis), Servir, Être utile à
730	**Set**	Fixe, Résolu, Pris, Assigné, Prescrit, Jeu, Série, Ensemble, Garniture, Service, Groupe, Cercle, Poste,

		Mettre, Poser, Placer, Imposer, Régler, Dresser, Donner, Fixer, Planter, Lancer, Affiler, Monter, Mettre en plis, Remettre, Se ressouder, Prendre racine
731	**Settle**	Fixer, Etablir, Calmer, Arranger, Résoudre, Décider
732	**Seven**	Sept
733	**Several**	Plusieur(s)
734	**Shall**	Verbe auxiliaire pour exprimer le future ou l'obligation
735	**Shape**	Forme, Former, Façonner, Se développer, Promettre
736	**Share**	Part, Portion, Contribution, Action, Partager, Avoir en commun, Avoir part à, Prendre part à, Particper à
737	**Sharp**	Tranchant, Aiguisé, Aigu, Piquant, Fort, Vif, Fin, Net, Marqué, Perçant, Vert, Saillant, Prononcé, Sévère, Peu honnête, Elégant, Chic, Trop haut (Musique), Brusquement, Pile, Dièse

738	**She**	Elle, Femelle
739	**Sheet**	Feuille, Nappe, Couche, Drap, Ecoute
740	**Shell**	Coquille, Ecaille, Carapace, Cosse, Coquillage, Carcasse, Décortiquer, Écosser, Bombarder (militaire)
741	**Shine**	Eclat, Brillant, Briller, Luire, Polir, Cirer
742	**Ship**	Bateau, Navire, Expédier, Transporter, Embarquer
743	**Shoe**	Chaussure, Soulier, Fer, Sabot, Patin, Ferrer
744	**Shop**	Magasin, Boutique, Atelier
745	**Shore**	Rivage, Bord, Côte
746	**Short**	Court, Bref, Insuffisant, Brusque, Brusquement, Court-métrage, Court-circuit
747	**Should**	(Verbe auxiliaire pour exprimer le sens de "devoir")
748	**Shoulder**	Epauler, A bandoulière
749	**Shout**	Cri, Eclat, Crier
750	**Show**	Spectacle, Show, Séance, Exposition, Salon, Concours, Parade, Étalage, Manifestation, Démonstration,

		Semblant, Apparence, Affaire, D'exposition, De démonstration, Montrer, Faire voir, Manifester, Indiquer, Faire preuve de, Laisser paraître, Représenter, Exposer, Se voir, Être visible
751	**Side**	Côté, Bord, Parti, Latéral, De côté, Secondaire, Prendre parti, Se ranger du côté
752	**Sight**	Vue, Spectacle, Portée de la vue
753	**Sign**	Signe, Signer
754	**Silent**	Silencieux, Muet
755	**Silver**	Argent (métal)
756	**Similar**	Semblable, Pareil
757	**Simple**	Simple, Facile
758	**Since**	Depuis, Depuis que, Puisque
759	**Sing**	Chanter
760	**Single**	Seul, Simple, Unique, Individuel, Célibataire, Pour une personne, 45 tours (Musique), Aller
761	**Sister**	Sœur, Religieuse, Infirmière en chef
762	**Sit**	Passer (un examen), S'asseoir, Être assis, Siéger, Se présenter à
763	**Sitting**	Service, Séance

764	Six	Six
765	Size	Apprêt, Dimension, Grandeur, Grosseur, Taille, Format, Pointure, Numéro, Encolure
766	Skill	Adresse, Habilité
767	Skin	Peau, Dépouiller, Écorcher, Éplucher, Se recouvrir de peau
768	Sky	Ciel, Cieux
769	Slave	Esclave, Travailler comme un nègre
770	Sleep	Sommeil, Coucher, Dormir, S'endormir
771	Slip	Glissade, Erreur, Écart de conduite, Faux pas, Glisser, Se faufiler, Se glisser, S'esquiver, S'écouler, Glisser, Couler, S'échapper de
772	Slow	Lent, En retard, Lourd, Petit, Lentement, Ralentir, Diminuer de vitesse
773	Small	Petit, Peu important, Partie mince
774	Smell	Odeur, Odorat, Sentir
775	Smile	Sourire, Sourire à
776	Snow	Neige, Neiger
777	So	Ainsi, Par conséquent, Si, Tellement, Donc

778	**Soft**	Mou, Doux, Tendre, Flasque, Facile, Doucement, Sans bruit
779	**Soil**	Sol, Terre, (Se) salir, Souiller
780	**Soldier**	Soldat
781	**Solution**	Solution
782	**Solve**	Résoudre
783	**Some**	Certains, Quelques-un(e)s, Un peu, Quelque, Quelconque, Un certain de, De la, Des, Quelque(s), Environ
784	**Son**	Fils
785	**Song**	Chanson, Chant, Ramage
786	**Soon**	Bientôt, Tôt, Vite, De bonne heure
787	**Sound**	Sonde, En bon état, Sain, Bon, Solide, Sensé, Son, Bruit, Sonore, Du son, Sonner, Retenir
788	**South**	Sud, Midi, Du sud, Au sud, Vers le sud
789	**Space**	Espace, Place, Spatial, Espacer
790	**Speak**	Parler, Exprimer, Dire
791	**Special**	Spécial, Particulier, Spécialité de la maison
792	**Speech**	Parole(s), Discours
793	**Speed**	Vitesse, Rapidité, Filer, Rouler trop vite

794	**Spell**	Charme, Sortilège, Période, Temps, Tour, Orthographier, Écrire, Épeler, Expliquer
795	**Spend**	Dépenser, Passer
796	**Spoke**	Rayon, Echelon ☞ Speak (N°520)
797	**Spot**	Tache (la) Pois, Lieu, Endroit, Projecteur, Au hasard, Tacher, Apercevoir
798	**Spread**	Etendue, Envergure, Propagation, Diffusion, Dessus de lit, Pâte, Festin, (S')ouvrir, (Se)répandre, (S')étaler, (S')étendre, Tartiner
799	**Spring**	Printemps, Saut, Bond, Ressort, Sauter, Bondir, Jaillir
800	**Square**	Carré, Honnête, Loyal, Décent, Catégorique, Place, Carrer, Élever au carré (mathématique) Cadrer, S'accorder
801	**Stand**	Position, Place, Station(nement), Tribune, Estrade, Étalage, Stand, Étal, Support, Guéridon, Barre des témoins, Arrêt, Se tenir, Être, Se trouver, Se lever, Se mettre debout, Poser, Mettre, Supporter

802	**Star**	Etoile, Vedette, Star, Avoir pour vedette
803	**Start**	Départ, Commencement, Avance, Sursaut, Partir, Se mettre en route, Commencer, Démarrer, Décoller, Faire partir, Mettre en marche, Donner le signal de départ à, Lancer, Commencer, Entamer
804	**State**	Etat, d'Etat, Déclarer, Affirmer, Formuler
805	**Station**	Poste, Station, Gare, Situation, Condition, Rang, Placer, Poster
806	**Stay**	Séjour, Etai, Rester, Demeurer, Se tenir, Séjourner
807	**Stead** (In His Stead)	à sa place
808	**Steam**	Vapeur, Buée, Fumer, Jeter la vapeur
809	**Steel**	Acier, Aciérer, S'armer de courage (pour)
810	**Step**	Marche, Mesure, Démarche, Faire un pas, Marcher
811	**Stick**	Bâton, Canne, Baguette, Manche, Morceau, Enfoncer, Planter, Mettre, Fourrer, Coller, Supporter

812	**Still**	Tranquille, Silencieux, Calme, Encore, Cependant, Pourtant, Encore, Silence, Calmer, Apaiser
813	**Stone**	Pierre, Noyau, De pierre, En pierre, Dénoyauter
814	**Stood**	☞ Stand (N°202)
815	**Stop**	Arrêt, Halte, Interruption, Arrêter, Interrompre, Suspendre, Mettre fin à, Boucher, Plomber
816	**Store**	Réserve, Provision, Magasin, Fonds, Entrepôt, Amasser, Emmagasiner, Approvisionner
817	**Story**	Histoire, Etage
818	**Straight**	Droit, En ordre, Directement
819	**Strange**	Etrange, Singulier, Inconnu
820	**Stream**	Cours d'eau, Courant, Couler
822	**Street**	Rue
823	**Stretch**	Étendu, Extension, Élasticité, Tendre, Étendre, Allonger, Déployer
824	**String**	Ficelle, Corde, Rang, File, Fibre, Capelet, A cordes, Pour cordes, Enfiler, Monter, Effiler, Corder

825	**Strong**	Fort, Vigoureux, Puissant, Solide, Vif, Bon, Robuste
826	**Student**	Etudiant, Estudiantin
827	**Study**	Etude, Cabinet de travail, Bureau, Étudier
828	**Subject**	Sujet, Matière, Assujetir, Subjuguer
829	**Substance**	Substance, Solidité, Importance, Fortune
831	**Subtract**	Soustraire
832	**Success**	Succès, Réussite, Chance
833	**Such**	Tel, Pareil, Semblable
834	**Sudden**	Soudain, Brusque
835	**Suffix**	Suffixe
836	**Sugar**	Sucre, Sucrer
837	**Suggest**	Suggérer, Proposer, Insinuer
838	**Suit**	Complet, Tailleur, Ensemble, Adapter, Accommoder
839	**Summer**	Eté, D'été
840	**Sun**	Soleil, Du soleil, Au soleil, De soleil, Par le soleil
840	**Supply**	Approvisionnement, Ravitaillement, Réserve, Provision, Service, Fournir, Approvisionner, Munir, Alimenter, Ravitailler, Répondre à
841	**Support**	Appui, Soutien, Maintien, Ressources,

1000 Words to Speack French

		Appuyer, Supporter, Soutenir, Maintenir, Faire vivre, Tolérer
842	Sure	Sûr, Certain
843	Surface	Surface, Revêtir, Apprêter, Revenir à la surface, Faire surface, Apparaître
844	Surprise	Surprise, Etonnement, Coup de main, Étonner, Surprendre
845	Swim	Nager, Faire de la natation, Traverser à la nage
846	Syllable	Syllabe
847	Symbol	Symbole
848	System	Système, Régime, Méthode
850	Table	Table, Mettre la table, Mettre le couvert
851	Tail	Queue, Pan, Suivre, Filer
852	Take	Prendre, (Em)porter, (Ap)porter, Emmener, Demander, Exiger, Contenir, Supporter, Passer, Tourner, Profiter de, Saisir, Comprendre, Tenir, Prendre, Réussir, Avoir du succès
853	Talk	Conversation, Causerie, Discours, Bavardage, Parler, Causer, Bavarder

143

854	**Tall**	Grand, De haute taille, Haut, Élevé, Fort
855	**Teach**	Apprendre (quelque chose à), Enseigner
856	**Team**	Equipe, Attelage
857	**Tell**	Dire, Raconter, Savoir, Reconnaître, Distinguer
858	**Temperature**	Température
859	**Ten**	Dix
860	**Term**	Temps, Durée, Limite, Terme, Session, Trimestre, Échéance, Appeler, Nommer
862	**Test**	Examen, Essai, Analyse, Interrogation, Épreuve, …d'essai, Examiner, Essayer, Analyser, Tester, Mettre à l'épreuve
863	**Than**	After, Que, De
864	**Thank**	Remercier, Remerciements
865	**That**	Que, Celui-là, Celle-là, Celui, Ceux-là, Celles-là, Celle, Qui, Que, Lequel, Laquelle, Lesquels, Lesquelles, Ce, Cet, Cette, …là, Si
866	**The**	Le, La, Les
867	**Their**	Leur, Leurs
868	**Them**	Les, Leur, Eux, Elles
869	**Then**	Alors, Dans ce temps-là, Ensuite, Puis, Aussi,

		Donc, D'ailleurs, Dans ce cas, De ce temps-là
870	There	Là, Y, Là-bas
871	These	☞ This (N°25)
872	They	Ils, Eux, Elles, On
873	Thick	Epais, Dense, Empâté, Partie épaisse
874	Thin	Mince, Peu épais
875	Thing	Chose, Objet
876	Think	Penser, Réfléchir, Croire, S'imaginer, Juger, Trouver, Tenir pour
877	Third	Trosième, Trois, Tiers
878	This	Celui-ci, Celle-ci, Celui, Celle, Ce, Cet, Cette
879	Those	(pluriel of that ☞ N°10)
880	Though	Quoique, Bien que, Pourtant, Cependant
881	Thought	Pensée, Idée, Avis, Opinion
882	Thousand	Mille
883	Three	Trois
884	Through	A travers, Au travers de, Au moyen de, Par, À cause de, Pendant, Direct
885	Throw	Jet, Jeter, Lancer, Projeter
886	Thus	Ainsi, Donc, De cette manière
887	Tie	Lien, Cravate, Nouer, Faire un noeud

888	**Time**	Temps, Fois, Heure
889	**Tiny**	Tout petit, Minuscule
890	**Tire**	Pneu, (Se) fatiguer, (Se) lasser
891	**To**	A, Vers, En, Chez, Envers, Pour, Jusqu'à
892	**Together**	Ensemble, En même temps
893	**Told**	☞ Tell (N°159)
894	**Tone**	Ton, Sonorité
895	**Too**	Trop, Aussi, Trop de
896	**Took**	☞ Take (N°105)
897	**Tool**	Outil, Travailler, Façonner, Ouvrager
898	**Tooth**	Dent
899	**Top**	Sommet, Cime, Haut, Dessus, Supérieur, Du haut, Maximum, Meilleur
900	**Total**	Total, Additioner
901	**Touch**	Toucher (le), Contact léger, Soupçon, Pinceau, Nuance, Toucher, Toucher à
902	**Toward**	Vers, Envers, A l'égard de, Pour
903	**Town**	Ville, Municipal, De la ville, À la ville
904	**Track**	Trace, Piste, Sentier, Suivre la trace
905	**Trade**	Commerce, Affaires, Métier, Faire des

		affaires, Faire le commerce, Échanger
906	**Train**	Train, Rame, File, Suite, Traîne, Former, Dresser, Exercer, Diriger, Entraîner (Sport)
907	**Travel**	Voyage, Déplacement, Voyager, Faire des voyages, Aller, Se déplacer
908	**Tree**	Arbre, Arborescence
909	**Triangle**	Triangle
910	**Trip**	Excursion, Voyage, Faux pas, Trébucher, Faire un faux pas, Marcher à petits pas, Faire un croc-en-jambe à, Faire trébucher
911	**Trouble**	Ennuis, Difficulté, Souci, Inquiétude, Mal, Peine, Troubles, Inquiéter, Déranger, Gêner, Ennuyer, Donner de la peine à
912	**Truck**	Camion, Chariot, Wagon à marchandises ouvert, Transporter par camion, Camionner, Relations, Rapports, Troc, Échange, Paiement en nature
913	**True**	Vrai, Véritable, Exact, Juste, Fidèle

914	**Try**	Essai, Tentative, Essayer, Mettre à l'essai, Juger, Éprouver
915	**Tube**	Tube, Tuyau, Chambre à air, Métro
916	**Turn**	Tournure, Révolution, Changement de direction, Virage, Tournant, Tourner, Faire tourner, Retourner, Rendre, Changer, Se diriger, Se (re)tourner, Se transformer, Devenir
917	**Twenty**	Vingt
918	**Two**	Deux
919	**Type**	Type, Genre, Modèle, Caractère, Taper (à la machine)
920	**Under**	(Au) dessous, Sous, Au-dessous, Trop peu, Insuffisamment, Inférieur, Sous-…
921	**Unit**	Unité, Elément, Bloc
921	**Unselfish**	désintéressé
922	**Unstinting**	Sans réserve, Géneruex (euse), Prodigue
923	**Until**	Jusqu'à, Jusqu'à ce que, Jusqu'au moment où
924	**Up**	Haut, En montant, En haut, En dessus, En l'air
925	**Us**	Nous

926	**Use**	Emploi, Usage, Utilité, Service, Se servir de, Employer, Utiliser
927	**Usual**	Habituel
928	**Valley**	Vallée, Vallon
929	**Value**	Valeur, Evaluer, Estimer, Priser
930	**Vary**	Varier, Changer
930	**Verb**	Verbe
931	**Very**	Très, Fort, Bien
932	**View**	Vue, Aperçu, Intention, Avis, Regarder, Considérer, Inspecter, Apercevoir, Envisager, Afficher
933	**Village**	Village
934	**Visit**	Visite, Séjour, Visiter, Séjourner, Rendre visite à, Faire (une) visite à
935	**Voice**	Voix, Exprimer, Formuler, Verbaliser
936	**Vowel**	Voyelle
937	**Wait**	Attente, Attendre, Servir
938	**Walk**	Marche, Promenade, Allée, Démarche, Pas, Marcher, Se promener, Aller à pied, Cheminer, Aller au pas, Faire marcher, Courir, Promener
939	**Wall**	Mûr, Muraille, Paroi, Mural, Entourer de murs, Murer, Emmurer
940	**Want**	Manque, Vouloir, Désirer, Avoir besoin

		de, Demander, Exiger, Réclamer, Manquer de
941	**War**	Guerre, De guerre, Guerrier
942	**Warm**	Chaud, Chaleureux, Vif, Riche, Chauffer, Réchauffer
943	**Was**	☞ Be (n°21)
944	**Wash**	Lessive, Badigeon, Blanchissage, Toilette, Sillage, Laver
945	**Watch**	Montre, Garde, Regarder, Observer, Faire attention à, Surveiller, Veiller
946	**Water**	Eau, Arroser, Abreuver
947	**Wave**	Vague, Onde, Ondulation, Geste, Signe, Agiter, Brandir, Onduler, S'agiter, Flotter, Faire signe à / de
948	**Way**	Chemin, Voie, Direction, Sens, Façon, Manière, Genre, Moyen, Progrès, Habitude, Coutume, État, Loin, Là-bas, Du côté de, Près de
949	**We**	Nous
950	**Wear**	Usage, Usure, Vêtements, Porter, User, Épuiser, Ronger,

		Faire de l'usage, Résister à l'usure, Se conserver, Tenir le coup
951	Weather	Temps, Météorologique, (Se) désagréger, (S')altérer, Faire mûrir, Survivre à, Résister à
952	Week	Semaine
953	Weight	Poids, Pesanteur, Peser, Lester
954	Well	Bien, En bonne santé, Bon, Bien, Eh bien ! ça alors, Puits, Jaillir, Sourdre
955	Went	☞ Go (N°79)
956	Were	☞ Be (N°21)
957	West	Ouest, Occidental, À (ou) vers l'ouest
958	What	Que, Quoi, Qu'est-ce que, Ce que, Ce qui
959	Wheel	Roue, Rouler, Pousser
960	When	Quand, Lorsque, Alors que
961	Where	Où, Là où
961	Whether	…Si…
962	Which	Lequel, Laquelle, Lesquels, Lesquelles, Qui, Que, Quel, Quels, Quelle, Quelles, Lequel, Laquelle, Lesquels, Lesquelles
963	While	Pendant que, Tant que, Alors que, Tandis que, Faire passer, Tuer (le temps)

964	**White**	Blanc, Blême, Pâle
965	**Who**	Qui, Quelle personne, Lequel, Laquelle, Lesquels, Lesquelles
966	**Whole**	Entier, Complet, Tout, Totalité, Ensemble
967	**Whose**	A qui, Dont
968	**Why**	Pourquoi, Tiens ! Eh bien !
969	**Wide**	Large, Etendu, Vaste, Répandu, Grand, Loin, A de grands intervalles
970	**Wife**	Femme, Epouse
971	**Wild**	Sauvage, Farouche, Fou, Frénétique, Fait au hasard, Nature
972	**Will**	Volonté, Testament, (Verbe modal pour construire le temps futur)
973	**Win**	Victoire, Gagner, Remporter, Acquérir, Parvenir à, Arriver à
974	**Wind**	Vent, Haleine, Instruments à vent, Tournant, Tour, Flairer, Faire perdre le souffle à, Essouffler, Tourner, Enrouler
975	**Window**	Fenêtre, Vitrine, Glace, Vitre, Guichet
976	**Wing**	Aile, Battant, Blesser à l'aile (ou) au bras, Voler
977	**Winter**	Hiver, Hiverner, Hiberner

978	**Wire**	Fil, Fil électrique, Télégramme, En / de fil de fer, Munir d'un fil métallique, (R)attacher avec du fil de fer, Brancher, Télégraphier à
979	**Wish**	Voeu, Souhait, Désir, Vouloir, Désirer, Souhaiter
980	**With**	Avec, De, A, Par, Malgré
981	**Woman**	Femme, De femme
982	**Women**	(pluriel) Woman (N°752)
983	**Wonder**	Merveille, Miracle, Étonnement, S'étonner, S'émerveiller, Se demander
984	**Won't** = Will Not	☞ Will (N°56)
985	**Wood**	Bois
986	**Word**	Mot, Parole, Formuler
987	**Work**	Travail, Ouvrage, Œuvre, Travailler, Fonctionner, Aller, Faire son effet, Réussir
988	**World**	Monde, Du monde, Mondial
989	**Would**	(Verbe modal pour construire le temps futur)
990	**Write**	Ecrire, Rédiger
991	**Written**	Ecrit, Ecriture
992	**Wrong**	Mauvais, Faux, Inexact, Erroné, Mal
993	**Yard**	Yard, Vergue, Cour, Chantier, Dépôt

994	**Year**	An, Année
995	**Yellow**	Jaune, Jaunir, Devenir Jaune
996	**Yes**	Oui
997	**Yet**	Encore, Jusqu'ici, Déjà, Jusque-là, Malgré tout, Cependant, Tout de même
998	**You**	Tu, Toi, Te, Vous, On
999	**Young**	Jeune, Petit
1000	**Your**	Ton, Ta, Tes, Votre, Vos

**

Contents

Table des matières

Foreword 1

Avant-propos 3

1000 English Words without alphabetical order ... 5

1000 Mots Anglais Sans l'ordre alphabetic 5

1000 English Words in the alphabetical order 81

1000 Mots Anglais dans l'ordre alphabetic 81

***

©ILCP Publishing House
www.ilcbook.com
ISBN : 978-0-9967007-3-3
Edition : March 2021
For our other publications please visite our website :
www.ilcpbook.com

www.ingramcontent.com/pod-product-compliance
Lightning Source LLC
Chambersburg PA
CBHW070606010526
44118CB00012B/1459